gedisa_cult·

Gedisa_cult· es el resultado de una cuidadosa selección de obras que pertenecen a nuestro fondo y que han marcado tendencias y conceptos teóricos fundamentales en ámbito de las ciencias humanas y sociales. Gedisa_cult· se distingue por la calidad narrativa de sus textos, accesibles a un amplio mundo lector.

Esta serie nace con el propósito de agradecer a los lectores que han confiado en nosotros y rendir homenaje a los autores que nos han permitido construir un sólido y prestigioso catálogo –que cuenta hoy en día con más de 1.500 títulos–. Asimismo, Gedisa_cult· ofrece la ocasión para reconocer la excelente labor de libreros, bibliotecarios, distribuidores y todos aquellos actores que han intervenido en el proceso de difusión de nuestras publicaciones tanto en España como en América Latina –territorio en el que la editorial ha sabido consolidar una presencia activa en el sector cultural y académico–.

Gedisa_cult· pone al alcance de nuestros fieles lectores una reedición de obras imprescindibles y, al mismo tiempo, intenta cautivar a las nuevas generaciones que se interesan por los clásicos y las obras del acervo cultural e intelectual. Un regalo para todo lector inquieto, dispuesto a disfrutar de un buen libro y de calidad entre la vorágine de las novedades y más allá de los *best sellers*.

EL EDITOR

Títulos de Gedisa_cult·

Pensar / Clasificar
George Perec

Los intelectuales en la Edad Media
Jacques LeGoff

Los no lugares
Marc Augé

La mujer en silencio
Janet Malcolm

Hombres en tiempos de oscuridad
Hannah Arendt

El estado oculto de la salud
Hans-Georg Gadamer

El orden de los libros
Nueva edición actualizada
Roger Chartier

Cocina, cuisine *y clase*
Jack Goody

Dos ensayos sobre Goethe
Walter Benjamin

Tiempos presentes
Hannah Arendt

El gran código
Northrop Frye

TIEMPOS PRESENTES

Hannah Arendt

Edición a cargo de Marie Luise Knott

Traducción de R. S. Carbó

Título original en alemán: *Zur Seit. Politische Essays*

© de la traducción: R. S. Carbó

Diseño de cubierta: Enric Jardí

Primera edición, marzo del 2002
Segunda edición, noviembre de 2018

Derechos reservados para todas las ediciones en castellano.

© Editorial Gedisa, S. A.
Av. Tibidabo, 12, 1o.
08022, Barcelona, España
Tel. 93 253 09 04
gedisa@gedisa.com
www.gedisa.com

ISBN: 978-84-1731-78-7
Depósito legal: B.23594-2018

Impreso por Ulzama

Impreso en España
Printed in Spain

Queda prohibida la reproducción total o parcial por cualquier medio de impresión, en forma idéntica, extractada o modificada, en castellano o en cualquier otro idioma.

Índice

Nosotros, los refugiados 9

El «problema alemán» 23

Visita a Alemania 1950 41

Europa y América 69

Little Rock 91

Desobediencica civil 113

200 años de la revolución americana 153

Epílogo 171

Epílogo a la reedición 179

Notas 185

El «problema alemán» no es ningún problema alemán ... 207

Cronología 219

Obras de Hannah Arendt publicadas en castellano 221

Nosotros, los refugiados

Ante todo, no nos gusta que nos llamen «refugiados». Nosotros mismos nos calificamos de «recién llegados» o «inmigrantes». Nuestros periódicos son para «americanos de lengua alemana» y por lo que sé, no hay hasta hoy ningún club cuyo nombre indique que sus miembros fueron perseguidos por Hitler, o sea, que son refugiados.

Hasta ahora se consideraba refugiado a aquel que se veía obligado a buscar refugio por sus actos o sus ideas políticas. Y, ciertamente, nosotros también tuvimos que buscar refugio pero antes no habíamos hecho nada y la mayoría no albergábamos ni siquiera en sueños ninguna clase de opinión política radical. Con nosotros el concepto «refugiado» ha cambiado. «Refugiados» son hoy en día aquellos de nosotros que tuvieron la mala suerte de encontrarse sin medios en un país nuevo y necesitaron la ayuda de los comités de refugiados.

Antes de la guerra éramos aún más susceptibles frente al término «refugiados». Hacíamos todo lo que podíamos para demostrar a los demás que éramos inmigrantes totalmente corrientes. Explicábamos que habíamos tomado voluntariamente el camino hacia un país de nuestra elección y negábamos que nuestra situación tuviera nada que ver con el «llamado problema judío». Éramos «inmigrantes» o «recién llegados» que un buen día habíamos abandonado nuestro país porque ya no nos gustaba o por factores puramente económicos. Queríamos conseguir un asiento nuevo para nuestra existencia, eso era todo. Hay que ser muy optimista o muy fuerte para construir una existencia nueva, así que manifestemos un gran optimismo.

De hecho, nuestra confianza es admirable, aunque lo digamos nosotros mismos, pues ahora, por fin, se ha reconocido nuestra lucha. Al perder nuestro hogar perdimos nuestra familiaridad con la vida cotidiana. Al perder nuestra profesión perdimos nuestra confianza en ser de alguna manera útiles en este mundo. Al perder nuestra lengua perdimos la naturalidad de nuestras reacciones, la sencillez de nuestros gestos y la expresión espontánea de nuestros sentimientos. Dejar a nuestros parientes en los guetos polacos y a nuestros mejores amigos morir en los campos de concentración significó el hundimiento de nuestro mundo privado.

Pero inmediatamente después de nuestra salvación (y a la mayoría hubo que salvarnos varias veces), comenzamos una nueva vida e intentamos seguir lo mejor que pudimos los buenos consejos de nuestros salvadores. Nos decían que debíamos olvidar y lo hicimos más *rápidamente* de lo que nadie pueda imaginar. Nos daban a entender amablemente que el nuevo país sería nuestra nueva patria y al cabo de cuatro semanas en Francia o seis en América pretendíamos ser franceses o americanos. Los más optimistas incluso llegaron a afirmar que habían pasado toda su vida anterior en una especie de exilio inconsciente y que sólo gracias a su nueva vida habían aprendido lo que significaba tener un verdadero hogar. Es verdad que a veces hacemos objeciones al consejo bienintencionado de olvidar nuestra actividad anterior y que, cuando lanzamos nuestros antiguos ideales por la borda porque está en juego nuestra posición social, también lo hacemos con gran pesar. Pero con la lengua no tenemos ningún problema: los más optimistas después de un año ya están firmemente convencidos de que hablan inglés tan bien como su propia lengua materna y, al cabo de dos años, juran solemnemente que dominan el inglés mejor que ninguna otra lengua (de la alemana, apenas se acuerdan ya).[1]

Para olvidar sin dificultades, preferimos evitar cualquier alusión a los campos de concentración y de internamiento por los que hemos pasado en casi toda Europa, ya que eso podría interpretarse como una manifestación de pesimismo o de falta de confianza en nuestra nueva patria. Además, nos han insinuado a menudo que nadie desea oírlo; el infierno ya no es una representación religiosa o una fantasía sino algo tan real como las casas, las piedras y los árboles. Evidentemente, nadie quiere ver que la historia ha creado un nuevo género de seres humanos: aquellos a los que los enemigos meten en campos de concentración y los amigos en campos de internamiento.

No hablamos de este pasado ni siquiera entre nosotros. En lugar de ello, hemos encontrado nuestro propio modo de encarar el futuro incierto. Puesto que todo el mundo planea y desea y espera, nosotros también lo hacemos. Sin embargo, aparte de estos comportamientos humanos comunes intentamos dilucidar el futuro de una manera algo más científica. Después de tanta desgracia queremos asegurarnos un porvenir a prueba de bombas. Por eso dejamos a nuestras espaldas la tierra con todas sus incertidumbres y dirigimos los ojos al cielo. Pues en las estrellas –y no en los periódicos– está escrito cuándo Hitler será vencido y cuándo nosotros seremos ciudadanos americanos. Las estrellas son nuestras consejeras, más dignas de confianza que todos nuestros amigos. En ellas leemos cuándo es pertinente ir a comer con nuestros benefactores o qué día es el más oportuno para rellenar uno de los innumerables cuestionarios que actualmente acompañan nuestra vida. A veces ni siquiera nos fiamos de las estrellas y preferimos que nos lean la mano o interpreten nuestra letra. De esta manera sabemos poco de los acontecimientos políticos pero mucho de nuestro querido yo, aunque el psicoanálisis ya no esté de moda. Han pasado aquellos tiempos felices en que, aburridos, las damas y los caballeros de la alta sociedad convertían en tema de conversación las geniales impertinencias de su tierna infancia. Ya no tienen el más mínimo interés en cuentos de fantasmas, lo que les pone la carne de gallina son las experiencias reales. Ya no hay necesidad de encantar el pasado, bastante embrujado está el presente. Y así, a pesar de nuestro proclamado optimismo, nos agarramos a cualquier hechizo que conjure a los espíritus del futuro.

No sé qué experiencias y pensamientos nocturnos pueblan nuestros sueños. No me atrevo a pedir detalles porque yo también prefiero ser optimista. Pero me imagino que, al menos por la noche, pensamos en nuestros muertos o nos acordamos de aquellos poemas que un día amamos. Incluso entendería que nuestros amigos de la costa oeste, durante las horas de toque de queda, tuvieran la extraña ocurrencia de que no somos «futuros ciudadanos» sino, de momento, «extranjeros enemigos». Naturalmente, a pleno día somos extranjeros enemigos sólo «formalmente», y todos los refugiados lo saben. Pero, aunque sólo sean motivos «formales» los que nos disuadan de salir de casa después del anochecer, no es fácil evitar hacer de vez en cuando lúgubres conjeturas sobre la relación entre las formalidades y la realidad.

Hay algo que no encaja en nuestro optimismo. Entre nosotros hay algunos optimistas peculiares que difunden elocuentemente su confianza y al llegar a casa abren la espita del gas o de forma inesperada hacen uso de un rascacielos. Parece que dan prueba de que nuestra manifiesta alegría se basa en una peligrosa disposición a la muerte. Crecimos con la convicción de que la vida es el bien más alto y la muerte el horror más grande y hemos sido testigos y víctimas de horrores peores que la muerte sin poder descubrir ideal más elevado que la vida. Aunque la muerte ya no nos asustaba, estuvimos bien lejos de querer o de ser capaces de jugarnos la vida por una causa. En vez de luchar –o reflexionar sobre cómo arreglárselas para resistir– nosotros, los refugiados, nos hemos acostumbrado a desear la muerte a nuestros amigos y parientes. Si alguien muere, nos imaginamos alegremente todos los disgustos que se habrá ahorrado. Finalmente, muchos entre nosotros acaban deseando ahorrarse también unos cuantos disgustos y actúan en consecuencia.

Desde 1938, desde la entrada de Hitler en Austria, hemos visto con qué rapidez el elocuente optimismo puede transformarse en callado pesimismo. Con el tiempo nuestra situación ha empeorado, llegamos a ser aún más confiados y nuestra tendencia al suicidio ha aumentado. Los judíos austríacos, liderados por

Schuschnigg, fueron una gentecita encantadora a la que todos los observadores imparciales admiraron. Realmente era admirable lo convencidos que estaban de que no les podría pasar nada. Pero cuando los alemanes entraron en el país y los vecinos no judíos comenzaron a asaltar las casas judías, los judíos austríacos empezaron a suicidarse.

A diferencia de otros suicidas, nuestros amigos no dejan ninguna explicación de su acto, ninguna acusación, ninguna queja contra un mundo que obliga a un ser desesperado a mantener con palabras y hechos su buen humor hasta el final. Dejan cartas de despedida muy corrientes, documentos irrelevantes. En consecuencia, nuestros discursos fúnebres también son breves, apurados y llenos de esperanza. Nadie se preocupa por los motivos porque a todos nos parecen obvios.

Estoy hablando de hechos desagradables y, aún peor, para corroborar mi visión de las cosas, ni siquiera dispongo del único argumento que hoy en día impresiona a la gente: los datos numéricos. Incluso aquellos judíos que niegan ferozmente la existencia del pueblo judío, nos conceden, en cuanto a números, unas buenas expectativas de vida. ¿Cómo podrían probar, si no, que sólo unos pocos judíos son criminales y que en la guerra muchos judíos mueren como buenos patriotas? Gracias a sus esfuerzos por salvar la vida estadística del pueblo judío, sabemos que éste exhibe las cifras de suicidio más bajas de todas las naciones civilizadas. Estoy bastante segura de que estos datos ya no son válidos, cosa que no puedo documentar con nuevas cifras pero sí con la experiencia reciente. Suficiente para aquellos espíritus escépticos que nunca estuvieron completamente convencidos de que las medidas de un cráneo ofrecieran una idea exacta de su contenido o de que las estadísticas de criminalidad mostraran el exacto nivel moral de una nación. En cualquier caso, los judíos europeos, vivan donde vivan, ya no se comportan según los pronósticos de la estadística. Actualmente, los suicidios se dan no sólo entre gente víctima del pánico en Berlín y Viena, en Bucarest o en París, sino también en Nueva York y Los Ángeles, en Buenos Aires y Montevideo.

Por el contrario, muy raramente tenemos noticia de suicidios en los guetos y campos de concentración. Es verdad que recibimos escasos informes de Polonia, pero al menos estamos bastante bien informados sobre los campos de concentración alemanes y franceses.

En el campo de Gurs, por ejemplo, donde tuve la oportunidad de pasar una temporada, sólo oí hablar de suicidio una vez y se trataba de una propuesta de acción colectiva, de una especie de acto de protesta al parecer para poner a los franceses en una situación incómoda. Cuando algunos de nosotros observamos que de todos modos nos habían metido allí *«pour crever»*, el humor general cambió bruscamente, y se convirtió en un afán apasionado de vivir. Generalmente, se consideraba que quien interpretaba aquel infortunio como una adversidad personal y, por consiguiente, ponía fin a su vida personal e individualmente tenía que ser un asocial anómalo que se desinteresaba del desenlace general de las cosas. Por eso, tan pronto esta misma gente volvía a su propia vida individual y tenía que enfrentarse a problemas aparentemente individuales, sacaba otra vez a la luz ese insano optimismo colindante con la desesperación.

Nosotros somos los primeros judíos no religiosos que han sido perseguidos y los primeros que reaccionamos no sólo *in extremis* con el suicidio. Quizá tengan razón los filósofos cuando dicen que el suicidio es la última, la extrema garantía de la libertad humana: no tenemos la libertad de crear nuestra vida o el mundo en que vivimos pero sí somos libres para desdeñar la vida y abandonar el mundo. Seguramente los judíos piadosos no pueden admitir esta libertad negativa. Ven en el darse muerte un asesinato, la destrucción de lo que el hombre nunca puede crear, una intromisión, por lo tanto, en los derechos del creador. *Adonai nathan v'adonai lakach* («El señor lo da, el señor lo toma»); y habitualmente añaden: *baruch schem adonai* («alabemos el nombre del señor»). Para ellos, el suicidio, como el asesinato, significa un ataque blasfemo a toda la creación. Un ser humano que se mata a sí mismo está afirmando que la vida no merece vivirse y que el mundo no es digno de albergarle.

Pero nuestros suicidas ni son unos locos rebeldes que arrojan su desprecio a la vida y al mundo ni intentan al matarse matar al universo entero. Su modo de desaparecer es callado y modesto; parece que quieran disculparse por la solución violenta que han encontrado a sus problemas personales. Por lo general, siempre habían opinado que los acontecimientos políticos no tenían nada que ver con su destino individual y, hasta el momento, tanto en los buenos tiempos como en los malos, habían confiado en su personalidad. Pero de pronto descubren en sí mismos algunos defectos misteriosos que les impiden salir adelante. Como desde su más tierna infancia creían tener derecho a un determinado nivel social, al no poder seguir manteniendo este estándar se consideran unos fracasados. Su optimismo es el vano intento de mantenerse a flote. Exteriormente serenos, tras esa fachada luchan contra su desesperación de sí mismos. Al fin mueren de una especie de egomanía.

Cuando nos salvan nos sentimos humillados y, si nos ayudan, nos sentimos rebajados. Luchamos como locos por una existencia privada con un destino individual, ya que tememos pertenecer en el futuro a ese montón lamentable de *gorrones* [*Schnorrer*] que aún recordamos y los muchos antiguos filántropos entre nosotros. Precisamente porque entonces no entendimos que el *gorrón* era parte del destino judío y no simplemente un pobre infeliz [*Schlemihl*], hoy no creemos tener derecho a reclamar la solidaridad judía. No somos capaces de comprender que no se trata de nosotros como individuos sino del pueblo judío en su totalidad. Más de una vez nuestros protectores han contribuido sustanciosamente a esta dificultad de comprensión. Me acuerdo del director de una institución benéfica de París que siempre que veía la tarjeta de visita de un intelectual judeoalemán con el inevitable «Dr.» impreso, acostumbraba a soltar a voz en grito: «Señor doctor, señor doctor, señor gorrón, señor gorrón».

La conclusión que sacamos de tales experiencias desagradables es muy simple: ser doctor en filosofía ya no nos basta. Aprendimos que para construir una nueva vida, primero hay que poner en claro la antigua. Se inventó una pequeña anécdota muy bonita que ilustra nuestro comportamiento. Un solitario perro salchicha emigrante dice afligido: «entonces, cuando era un San Bernardo...».

Nuestros nuevos amigos, bastante abrumados por tantas celebridades, apenas entienden que detrás de nuestras descripciones de pasados tiempos de esplendor se esconde una verdad humana: que una vez fuimos personas por las que alguien se preocupaba, que nuestros amigos nos querían y que hasta entre nuestros caseros fuimos notorios porque pagábamos puntualmente el alquiler. Hubo un tiempo en que podíamos ir de compras y coger el metro sin que nadie nos dijera que éramos indeseables. Nos hemos puesto un poco histéricos desde que la gente de los periódicos ha empezado a descubrirnos y a decir públicamente que teníamos que dejar de llamar desagradablemente la atención cuando compráramos la leche y el pan. Nos preguntamos cómo lograrlo. Ya somos bastante cuidadosos en cada paso de nuestra vida cotidiana para evitar que nadie adivine quiénes somos, qué tipo de pasaporte tenemos, dónde expidieron nuestras partidas de nacimiento y que Hitler no nos soporta. Hacemos todo lo que podemos para adaptarnos a un mundo en que hasta para comprar comida se necesita una conciencia política.

En tales circunstancias el San Bernardo cada vez es más grande. Nunca olvidaré a aquel joven del que se esperaba que aceptara un determinado trabajo y que respondía suspirando: «no saben con quien hablan, yo era jefe de sección de Karstadt, en Berlín». Pero también existe la profunda desesperación de un hombre de mediana edad que, para intentar que lo salvaran, tuvo que soportar las interminables vacilaciones de diferentes comités, y al final exclamó: «¡Y nadie sabe quién soy!». Puesto que no lo trataban como a un ser humano empezó a enviar telegramas a grandes personalidades y a parientes importantes. Aprendió rápidamente que en este mundo loco es mucho más fácil ser aceptado como «gran hombre» que como ser humano.

Cuanta menos libertad tenemos para decidir quiénes somos o cómo queremos vivir más intentos hacemos de ocultar los hechos tras fachadas y de adoptar roles. Nos expulsaron de Alemania porque somos judíos. Pero apenas habíamos cruzado las fronteras de Francia nos convertían en «boches». Incluso nos decían que si de verdad estuviéramos contra las teorías raciales de

Hitler, aceptaríamos ese nombre. Durante siete años hicimos el papel ridículo de intentar ser franceses o al menos futuros ciudadanos pero, a pesar de ello, cuando estalló la guerra nos internaron por «boches». Pero entre tanto, la mayoría nos habíamos convertido en unos franceses tan leales que ni siquiera pudimos criticar un decreto del gobierno y, en consecuencia, declaramos que alguna justificación habría para nuestro internamiento. Fuimos los primeros «prisonniers volontaires» que haya visto la historia. Después de la entrada de los alemanes el gobierno francés sólo tuvo que hacer un cambio de nombres: nos habían encerrado porque éramos alemanes y ahora no nos liberaban porque éramos judíos.

Es la misma historia que se repite en todo el mundo. En Europa los nazis embargaron nuestras propiedades pero en Brasil tenemos que entregar, igual que los más leales miembros de la «unión de alemanes en el extranjero», el 30 por ciento de nuestros bienes. En París no podíamos salir de casa a partir de las ocho porque éramos judíos, pero en Los Ángeles nos ponen restricciones porque somos «extranjeros enemigos». Nuestra identidad cambia con tanta frecuencia que nadie puede averiguar quiénes somos en realidad.

Por desgracia, el asunto no mejora cuando nos encontramos con judíos. Los judíos franceses estaban convencidos de que todos los judíos de más allá del Rin eran «polacos» [«*Polacken*»], o sea, lo que los judíos alemanes llamaban «judíos orientales». Pero los judíos que efectivamente venían de Europa oriental no opinaban igual que sus hermanos franceses y nos llamaban «jeckes» [«*Jecken*»]. Los hijos de estos «jeckes» –odiadores–, la segunda generación, ya nacida en Francia y bastante asimilada, compartía la opinión de la clase alta judeofrancesa. De manera que a alguien le podía pasar que en una misma familia el padre lo calificara de «jecke» y el hijo, de «polaco».

Desde el estallido de la guerra y de la catástrofe que se abate sobre el judaísmo europeo, el mero hecho de ser refugiados ha impedido que nos mezcláramos con la sociedad judía autóctona; las pocas excepciones sólo confirman la regla. Tras estas leyes no escritas está, aunque no se confiese abiertamente, el gran poder de la opinión pública. Y estas ideas y comportamientos tácitos son mucho más importantes para nuestra vida cotidiana que todas las garantías oficiales de hospitalidad y todas las proclamas de buenas intenciones.

El hombre es un animal sociable y su vida le resulta difícil si se le aísla de sus relaciones sociales. Es mucho más fácil mantener los valores morales en un contexto social y muy pocos individuos tienen fuerzas para conservar su integridad si su posición social, política y jurídica es confusa. Como no tenemos el valor de luchar por una modificación de nuestra posición social y legal, hemos intentado –muchos de nosotros, por cierto– cambiar de identidad. Un comportamiento curioso que todavía empeora las cosas. La confusión en que vivimos es en parte culpa nuestra.

Algún día alguien escribirá la auténtica historia de la emigración judía de Alemania y tendrá que empezar con la descripción de ese señor Cohn de Berlín que siempre era alemán al 150 por ciento, un superpatriota alemán. En 1933 dicho señor Cohn se refugió en Praga e inmediatamente se convirtió en un patriota checo convencido, un patriota checo tan fiel como antes lo había sido a Alemania. Pasó el tiempo y hacia 1937 el gobierno checo, ya bajo la presión de los nazis, comenzó a expulsar a los refugiados judíos sin la menor consideración al hecho de que éstos estuvieran firmemente convencidos de ser futuros ciudadanos checos. Nuestro señor Cohn fue a continuación a Viena y era necesario un inequívoco patriotismo austríaco para adaptarse al lugar. La entrada de los alemanes obligó al señor Cohn a abandonar también este país. Llegó a París en un momento desfavorable y no obtuvo el permiso de residencia regular. Dado que ya había adquirido una gran habilidad en desear cosas irreales, no se tomó en serio las medidas administrativas porque estaba seguro de que pasaría el resto de su vida en Francia. De ahí que se dispusiera a integrarse en la nación francesa identificándose con «nuestro» antepasado Vercingetorix. Mejor no continuar con las posteriores aventuras del señor Cohn. Nadie puede predecir la cantidad de locas conversiones que todavía tendrá que llevar a cabo mientras no sea capaz de decidirse a ser lo que realmente es: un judío.

Quien desea acabar consigo mismo descubre de hecho que las posibilidades de la existencia humana son tan ilimitadas como el universo. Pero la creación de una nueva personalidad es algo tan difícil y desesperanzador como crear el mundo de nuevo. Da igual lo que hagamos o quiénes pretendamos ser: sólo desvelamos nuestro absurdo deseo de ser alguien distinto, de no ser judíos. Todo lo que hacemos está orientado a esa meta: no queremos ser refugiados porque no queremos ser judíos; fingimos ser angloparlantes porque en los últimos años a los emigrantes que hablan alemán se les identifica con los judíos; no queremos llamarnos apátridas porque la mayoría de los apátridas del mundo son judíos; estamos dispuestos a ser fieles hotentotes sólo para ocultar que somos judíos. Ni lo conseguimos ni lo podremos conseguir. Bajo la superficie de nuestro «optimismo» es fácil detectar la tristeza desesperanzada de los asimilados.

En nuestro caso, los que venimos de Alemania, la palabra asimilación adquirió un significado filosófico «profundo». Apenas puede imaginarse hasta qué punto nos lo tomábamos en serio. Asimilación no significaba la necesaria adaptación al país donde habíamos venido al mundo y al pueblo cuya lengua casualmente hablábamos. Nos adaptamos a todo y a todos por principio. De eso me di perfecta cuenta gracias a las palabras de un compatriota que sin duda expresaba realmente sus sentimientos. Apenas llegó a Francia fundó una de esas asociaciones en que los judíos alemanes se aseguraban unos a otros que ya eran franceses. En su primer discurso dijo: «Hemos sido buenos alemanes en Alemania y por eso seremos buenos franceses en Francia.» El público aplaudió entusiasmado, nadie soltó la carcajada. Éramos felices por haber aprendido a probar nuestra lealtad.

Si el patriotismo fuera cuestión de rutina o de práctica seríamos el pueblo más patriota del mundo. Volvamos a nuestro señor Cohn, que batió todos los récords. Personifica al inmigrante ideal, aquel que enseguida descubre y ama las montañas de cada país al que le lleva su terrible destino. Pero como el patriotismo todavía no se considera una actitud que pueda aprenderse, es difícil convencer a la gente de la seriedad de nuestras repetidas conversiones. Nuestra propia gente se vuelve intolerante frente a tales esfuerzos; buscamos una aprobación general fuera de nuestro propio grupo porque no estamos en condiciones de obtenerla de los nativos. Éstos, enfrentados a seres tan peculiares como nosotros, comienzan a desconfiar. Por regla general, ellos sólo comprenden la lealtad si es al país de procedencia, cosa que nos hace la vida bastante amarga. Quizá podríamos disipar esta sospecha si declarásemos que, precisamente por ser judíos, nuestro patriotismo tenía unos aspectos muy particulares ya en nuestros países de procedencia pero que a pesar de ello había sido sincero y profundamente enraizado. Escribimos gruesos mamotretos para probarlo, pagamos a toda una burocracia para investigar y manifestar estadísticamente la antigüedad de nuestro patriotismo. Nuestros sabios redactaron manuales filosóficos sobre la armonía preestablecida entre judíos y franceses, judíos y alemanes, judíos y húngaros, judíos y... Nuestra lealtad, hoy tan sospechosa, tiene una larga historia. Es la historia de 150 años de un judaísmo asimilado que ha exhibido un malabarismo sin igual: aunque los judíos prueban constantemente que no son judíos, el único resultado que obtienen es que continúan siéndolo.

El apuro desesperado de estos errantes que, a diferencia de su magnífico modelo Odiseo, no saben quiénes son, lo puede explicar la obcecación total con que se resisten a conservar su identidad. Esta manía no ha surgido sólo en los últimos diez años, en que el completo absurdo de nuestra existencia llegó a ser evidente, sino que es mucho más antigua. Nos comportamos como gente que tiene la fijación de ocultar un estigma imaginario. Por eso nos entusiasma cada nueva oportunidad, porque, al ser nueva, parece otro milagro. Cada nueva nacionalidad nos fascina tanto como a una mujer regordeta cada nuevo vestido que le promete el talle deseado. Pero sólo le gusta este nuevo vestido mientras cree en sus propiedades milagrosas, y lo tira a la basura tan pronto descubre que no cambia de ningún modo su estatura y mucho menos su condición.

Alguien podría sorprenderse de que la evidente inutilidad de todos nuestros curiosos disfraces aún no haya podido desanimarnos. Pero aunque es verdad que la gente raramente aprende de la historia, también lo es que puede aprender de experiencias que, como en nuestro caso, siempre se repiten. Antes de que nadie nos tire la primera piedra debería recordar que en cuanto judíos no tenemos ningún estatuto legal en este mundo. Si empezásemos a decir la verdad, es decir, que no somos sino judíos, nos veríamos expuestos al destino de la humanidad sin más, no nos protegería ninguna ley específica ni ninguna convención política, no seríamos más que seres humanos. Apenas puedo imaginarme un planteamiento más peligroso, pues el hecho es que, desde hace bastante tiempo, vivimos en un mundo en que ya no existen meros seres humanos. La sociedad ha descubierto en la discriminación un instrumento letal con que matar sin derramar sangre. Los pasaportes, las partidas de nacimiento, y a veces incluso la declaración de la renta, ya no son documentos formales sino que se han convertido en asunto de diferenciación social. Cierto que la mayoría de nosotros depende por completo de los valores de la sociedad; perdemos la confianza en nosotros mismos cuando ésta no nos protege. Cierto que estamos dispuestos (y siempre lo hemos estado) a pagar cualquier precio para que la sociedad nos acepte. Pero igual de cierto es que los poquísimos de nosotros que han seguido su propio camino sin todas estas dudosas artimañas de la adaptación y la asimilación han pagado un precio demasiado alto: se han jugado las pocas oportunidades que hasta un proscrito tiene todavía en este mundo al revés.

A la luz de los acontecimientos más recientes el planteamiento de estos pocos que, de acuerdo con Bernard Lazare, podrían denominarse «parias conscientes», es tan inexplicable como el intento del señor Cohn de ascender por todos los medios. Ambos son hijos del siglo XIX, que no conoció la proscripción política ni jurídica pero sí a los parias de la sociedad y a su contrapartida, los advenedizos. La historia judía moderna, iniciada con los judíos cortesanos y continuada con los millonarios y filántropos judíos, ha hecho desaparecer otra línea de la tradición judía, la de Heine, Rahel Varnhagen, Schalom Aleichem, Bernard Lazare, Franz Kafka e incluso Charles Chaplin. Se trata de la tradición de una minoría de judíos que no quisieron ser unos arribistas y prefirieron la condición de «parias conscientes». Todas las ensalzadas cualidades judías –el «corazón judío», la humanidad, el humor, la imparcialidad– son cualidades de paria. Todos los defectos judíos –falta de tacto, torpeza política, complejos de inferioridad y avaricia– son características de los arribistas. Siempre ha habido judíos que no han querido renunciar a sus opiniones ni a su sentido natural de la realidad en favor de un estrecho espíritu de casta o la futilidad de las transacciones financieras.

Tanto a los parias como a los advenedizos la historia les ha impuesto el estatuto de proscritos. Los últimos todavía no han captado la profunda sabiduría de la frase de Balzac «On ne parvient pas deux fois», y por eso no entienden los sueños impetuosos de los primeros, cuyo destino les humilla compartir. Los pocos refugiados que insisten en decir la verdad, por chocante que pueda ser, obtienen a cambio de su impopularidad una ventaja impagable: para ellos la historia ya no es un libro con siete sellos ni la política un privilegio de los no judíos. Saben que la mayoría de naciones europeas inmediatamente después de proscribir al pueblo judío fueron proscritas ellas mismas. Los refugiados, hostigados de país en país, representan –si conservan su identidad– la vanguardia de esos pueblos. Por primera vez ya no hay una historia judía aparte sino unida a la de todas las demás naciones. Y la comunidad de los pueblos europeos se deshizo cuando –y porque– permitió la exclusión y la persecución de su miembro más débil.

El «problema alemán»

La restauración de la vieja Europa

I

El «problema alemán» del que se habla actualmente es una exhumación del pasado, y si ahora se lo presenta como el problema de la agresión germánica es debido a las ligeras esperanzas de restaurar el *statu quo* en Europa. A la vista de la guerra civil que recorre el continente, parecía necesario antes que nada «restaurar» el significado de la guerra en el sentido decimonónico de un conflicto puramente nacional, en el cual serían los países antes que los movimientos, y los pueblos antes que los gobiernos, los que sufrirían derrotas y obtendrían victorias.

En consecuencia, la bibliografía sobre el «problema alemán» es en su mayor parte como una edición revisada de la propaganda de la última guerra, propaganda que se limita a adornar el punto de vista oficial con los conocimientos históricos convenientes y que por lo demás no es ni mejor ni peor que su contrapartida alemana. Después del armisticio se dejó caer piadosamente en el olvido los escritos de estas instruidas autoridades de ambos bandos. El único aspecto interesante de esta bibliografía era el afán con que científicos y escritores de fama internacional ofrecieron sus servicios no para salvar a su país con riesgo de su vida sino para servir a sus gobiernos con el más extremo desprecio de la verdad. La única diferencia entre los propagandistas de las dos guerras mundiales es que, esta vez, una serie de personas que antes habían hecho fermentar el chovinismo alemán, se han puesto a disposición de las potencias aliadas como «expertos» en el tema de Alemania sin perder en este cambio nada de su fanatismo o de su sumisión.

Estos expertos del «problema alemán» son los únicos residuos de la última guerra. No obstante, mientras su capacidad de adaptación, su servilismo y su miedo ante la responsabilidad intelectual y moral ha permanecido constante, su papel político ha variado. En la primera guerra mundial, cuya esencia no era ideológica, todavía no se había descubierto la estrategia de dirigir políticamente la guerra y los propagandistas, que despertaban el sentimiento nacional del pueblo o contribuían a expresarlo, eran poco más que moralizantes. A juzgar por el desprecio bastante general que les mostraban las tropas del frente, es probable que fracasaran incluso en esta tarea, pero aparte de esto fueron totalmente insignificantes. En política no tenían nada que decir, todavía eran el altavoz de la política de sus respectivos gobiernos.

Pero hoy la propaganda no es en sí misma más efectiva, sobre todo si opera preferentemente con conceptos nacionalistas y militaristas en lugar de ideológicos y políticos. El odio, por ejemplo, es muy evidente que ya está agotado. Por eso, la reactivación del «problema alemán» ha provocado un éxito propagandístico negativo: muchos de los que se habían acostumbrado a ignorar las atrocidades de la guerra precedente se resisten ahora a creer la espantosa realidad porque se les ofrece en la vieja forma de la propaganda nacional. Esa palabrería de la «Alemania eternamente igual» y de sus eternos crímenes sólo sirve para extender el velo del escepticismo sobre la Alemania nazi y sus crímenes actuales. Cuando en 1939, para poner sólo un ejemplo, el gobierno francés sacó de su arsenal las consignas de la primera guerra mundial y difundió el terrible fantasma del «carácter nacional» de Alemania, el único efecto visible que consiguió fue que el terror de los nazis no se tomara en serio. Y así en toda Europa.

Pero aunque la propaganda ha perdido mucho de su poder de exaltación, ha adquirido una nueva función política. Se ha convertido en una forma de dirección política de la guerra y sirve para preparar a la opinión pública para determinados pasos políticos. Por lo tanto, si al difundir la idea de que hay que buscar el motivo verdadero del conflicto internacional en las atrocidades de los alemanes se exhibe el «problema alemán», se consigue el efecto de encubrir la auténtica cuestión política. Identificando el fascismo con el carácter nacional y la historia de Alemania, se hace creer a la gente que destrucción de Alemania y extirpación del fascismo son sinónimos. De esta manera es posible cerrar los ojos ante la crisis europea, que no está superada en absoluto y que permitió a los alemanes conquistar el continente (con la ayuda de traidores y quintacolumnistas). Así pues, todos los intentos de identificar a Hitler con la historia alemana sólo conducen a dar al hitlerismo una innecesaria respetabilidad nacional y a certificar que hay una tradición nacional que lo avala.

Si se compara a Hitler con Napoleón, como alguna vez ha hecho la propaganda inglesa, o con Bismarck, se exonera a Hitler y se le prodiga la reputación histórica de un Napoleón o un Bismarck. Al fin y al cabo Napoleón vive en el recuerdo de Europa como el líder de unos ejércitos alentados por una idea, aunque fuera muy deformada, de la Revolución Francesa. Y Bismarck no era ni mejor ni peor que la mayoría de estadistas nacionales de Europa que jugaron a ser potencias en interés de la nación, empeño en el que sus objetivos estaban exactamente definidos y claramente delimitados. Aunque Bismarck intentó ampliar las fronteras alemanas en algunos lugares, ni siquiera en sueños pensaba en aniquilar a cualquiera de las naciones rivales. Accedió de mala gana a la anexión de la Lorena al Reich debido a los «motivos estratégicos» de Moltke pero no quería ningún territorio extranjero en el interior de las fronteras alemanas y no tenía la menor ambición de dominar a los pueblos extranjeros considerándolos razas inferiores.

Lo que es aplicable a la historia política de Alemania corresponde incluso en mucho mayor medida a las raíces del nazismo. El nazismo no se debe a ningún componente de la tradición occidental ya sea alemana, católica, protestante, cristiana, griega o romana. Es irrelevante si nos gusta Tomás de Aquino, Maquiavelo, Lutero, Kant, Hegel o Nietzsche[1] (la lista puede alargarse indefinidamente, como muestra un rápido repaso a la bibliografía sobre el «problema alemán»), ellos no tienen la menor responsabilidad de lo sucedido en los campos de exterminio. Desde un punto de vista ideológico el nazismo empieza sin ningún pie en la tradición y mejor sería reconocer desde el principio el peligro de esta radical negación de toda tradición que constituye la característica principal del nazismo (a diferencia de los estadios iniciales del fascismo italiano, por ejemplo). A fin de cuentas, fueron los propios nazis los que tendieron una cortina de humo de interpretaciones eruditas alrededor de su vacío total. A la mayoría de filósofos a los que actualmente demonizan los celosos expertos del «problema alemán», ya hace mucho que los nazis los reclamaron para sí, pero no porque les importara la respetabilidad, sino simplemente porque comprendieron que no hay mejor escondrijo que el gran parque infantil de la historia ni mejores guardianes que los niños de esos parques infantiles, es decir, los «expertos», que con la misma facilidad con que prestan sus servicios inducen al error.

Las extremas atrocidades del régimen nazi hubieran tenido que advertirnos de que aquí tratamos con algo inexplicable incluso considerando los peores periodos de la historia. Nunca, ni en la Antigüedad ni en la Edad Media ni en la Modernidad fue la aniquilación un programa explícito ni su ejecución un proceso altamente organizado, burocrático y sistemático. Es cierto que existe una relación entre el militarismo y el poder de choque de la maquinaria bélica nazi y que el imperialismo tuvo mucho que ver desde el punto de vista ideológico, pero si se quiere comprender el nazismo hay que despojar al militarismo de todas sus tradicionales virtudes guerreras y vaciar al imperialismo de todos sus sueños intrínsecos de construir un imperio mundial como si fuera la «misión del hombre blanco». En otras palabras, pueden detectarse fácilmente ciertas tendencias de la vida política moderna que indican al fascismo la dirección a seguir, así como ciertas clases que son más fáciles de conquistar y de engañar que otras, pero todos tuvieron que cambiar sus funciones en la sociedad antes de que el nazismo pudiera utilizarlos convenientemente.

Aún antes de que acabe la guerra los nazis habrán destruido a la casta militar alemana (seguramente una de las instituciones más repulsivas, marcada por la arrogancia estúpida y por la mentalidad tradicional del ascenso) y con ella a todo el resto de las antiguas instituciones alemanas. El militarismo alemán, tal como se manifestaba en el ejército, apenas tenía mayores ambiciones que el viejo ejército francés de la Tercera república. Los oficiales alemanes querían ser un Estado dentro del Estado y supusieron insensatamente que los nazis servirían mejor a sus objetivos que la República de Weimar. Cuando descubrieron su error, ya se encontraban en fase de extinción: una parte fue liquidada y la otra se adaptó al régimen nazi.

Es indudable que los nazis utilizaron ocasionalmente el lenguaje del militarismo, como también hicieron con el lenguaje del nacionalismo, pero la verdad es que se sirvieron del lenguaje de todos los -ismos existentes, socialismo y comunismo incluidos, cosa que no les impidió liquidar a socialistas, comunistas, nacionalistas y militaristas, a todos los compañeros de cama que les parecieron peligrosos. Sólo los expertos, con su predilección por la palabra hablada o escrita y su escasez de luces en asuntos políticos, se han tomado en serio estas manifestaciones de los nazis y las han interpretado como emanadas de ciertas tradiciones alemanas o europeas. Pero, al contrario, precisamente el nazismo representa el derrumbamiento de todas las tradiciones alemanas y europeas, tanto de las buenas como de las malas.

II

Muchas señales admonitorias anunciaban la catástrofe que amenazaba la cultura europea desde hacía más de un siglo, una catástrofe que Marx con sus famosas observaciones sobre la alternativa entre barbarie y socialismo había profetizado, aunque no descrito correctamente. En la guerra precedente, esta catástrofe se había manifestado en una violenta ira destructora, desconocida hasta entonces para las naciones europeas. A partir de ese momento la palabra nihilismo adquirió un nuevo significado. Ya no definía una ideología en cierta modo inofensiva, una más de las muchas ideologías que en el siglo XIX competían entre sí. Ya no se circunscribía al idílico territorio de la mera negación, el mero escepticismo o una desesperación llena de presentimientos. En lugar de eso, la embriaguez destructora como experiencia concreta se convirtió paulatinamente en el fundamento de esta ideología, ensimismada en el delirio de producir la nada. La sensación de devastación se fortaleció enormemente durante la inmediata postguerra, cuando, a causa de la inflación y el desempleo, esa misma generación se vio en la situación opuesta, es decir en un estado de total desamparo y pasividad dentro de una sociedad aparentemente normal. Por eso, cuando los nazis apelaron a las famosas vivencias del frente, no solamente trajeron a la memoria la comunidad del pueblo en las trincheras, sino que además reavivaron los dulces recuerdos de un tiempo de actividad extraordinaria y poder destructor, un tiempo y unas experiencias que el individuo había saboreado.

Es indudable que en Alemania las circunstancias, abonadas por la tardía unificación nacional, la desgraciada historia política y la falta de cualquier clase de experiencia democrática, facilitaron la ruptura con todas las tradiciones. Aún más decisivo fue el hecho de que la posguerra, con la inflación y el desempleo –sin los cuales quizá la nostalgia del frente, con su poder destructor, hubieran sido un fenómeno pasajero– castigó a más gente y la afectó más profundamente que en ninguna otra parte.

Pero aunque la ruptura con las tradiciones y los valores europeos fuera más fácil en Alemania, hubiera tenido que consumarse de todos modos, ya que el nazismo no era fruto de una tradición alemana cualquiera, sino de la transgresión de todas las tradiciones. Cuán potente fue el eco del nazismo entre los veteranos de guerra de todos los países lo demuestra la vasta influencia que ejerció sobre todas las asociaciones de veteranos de Europa. Los veteranos fueron sus primeros simpatizantes, y cuando dieron los primeros pasos en el terreno de las relaciones internacionales, los nazis contaban con animar allende las fronteras a todas las «hermandades de armas», que entendían su lenguaje y tenían parecidos sentimientos y un similar afán destructor. Este es el único significado psicológico tangible del «problema alemán». El problema real no está en el carácter nacional alemán sino más bien en la desintegración de dicho carácter o, al menos, en el hecho de que éste ya no desempeña ningún papel en la política alemana. Pertenece al pasado, exactamente igual que el militarismo y el nacionalismo alemanes. No será posible resucitarlo copiando sentencias de viejos libros o incluso tomando medidas políticas extremas. Pero un problema aún más grande es que el hombre que ha sustituido «al alemán» –el tipo que cuando olfatea el peligro de la destrucción total decide tomar parte en la aniquilación– no solamente aparece en Alemania. La nada de la que surge el nazismo se podría definir en conceptos menos místicos como el vacío que procede del derrumbamiento casi simultáneo de las estructuras sociales y políticas de Europa. Los movimientos de resistencia europeos han rechazado con tanta vehemencia la restauración porque saben que con ella se volvería a crear ese mismo vacío, un vacío que les inspira un miedo mortal aunque entre tanto se hayan dado cuenta de que, en comparación con el fascismo, se trata de un «mal menor». El tremendo atractivo psicológico que ejerció el nazismo no consistió tanto en sus falsas promesas como en el abierto reconocimiento de este vacío. Sus violentas mentiras armonizaban con este vacío, eran psicológicamente efectivas porque correspondían a determinadas experiencias subyacentes y a aún más determinados anhelos elementales. Puede decirse que en cierto modo el fascismo añadió al viejo arte de mentir una nueva variante, la variante más diabólica que pueda imaginarse: el *mentir* la verdad.

La verdad era que el sistema clasista de la sociedad europea ya no podía seguir funcionando: simplemente, no podía mantenerse ni en la forma feudal del este ni en la forma burguesa del oeste. Su injusticia inmanente era más evidente día a día pero, sobre todo, privó permanentemente a millones y millones de individuos (por el desempleo y otras causas) de su pertenencia a una clase. En realidad, el Estado nacional, que había sido el símbolo de la soberanía del pueblo, ya no representaba al pueblo y ya no estaba en condiciones de garantizar la seguridad exterior e interior. Fuera porque Europa había quedado pequeña para esa forma de organización política, fuera porque los pueblos europeos ya no aceptaban sus Estados nacionales, la verdad era que ya no se comportaban como naciones y no podía desperezárseles apelando al sentimiento nacional: la mayoría de pueblos europeos no estaban dispuestos a protagonizar una guerra nacional, ni siquiera por mor de su propia independencia.

A la realidad social del derrumbamiento de la sociedad clasista europea respondieron los nazis con la mentira de la comunidad del pueblo, que se basaba en la complicidad criminal y que estaba dominada por una burocracia de gángsters. Los desclasados congeniaron con esta respuesta. Y como respuesta a la realidad de la decadencia del Estado nacional apareció la famosa mentira de la reordenación de Europa, que rebajaba los pueblos a razas y preparaba su exterminio. Los pueblos europeos, que en tantos casos dejaron entrar a los nazis en su países porque las mentiras de éstos partían de ciertas verdades fundamentales, han pagado un precio tremendo por su credulidad. Pero al menos han aprendido una lección importante: ninguna de las viejas fuerzas que generaron la corriente de succión del vacío fue tan terrible como la nueva fuerza que surge de esta corriente y cuyo objetivo es organizar a los seres humanos según la ley de la corriente de succión. Y eso sólo significa aniquilación.

III

Los movimientos europeos de resistencia se formaron en aquellos círculos que habían aclamado el acuerdo de Múnich de 1938 y en los que el estallido de la guerra únicamente provocó consternación. Esos movimientos de resistencia nacieron una vez los nacionalistas de todos los matices y los predicadores del odio ya habían tenido su oportunidad de convertirse en colaboracionistas, de manera que el giro casi necesario de los nacionalistas hacia el fascismo y la sumisión de los chovinistas ante el invasor extranjero quedaran demostrados entre la población. (Las escasas excepciones, que sólo confirman la regla, fueron nacionalistas pasados de moda como De Gaulle o periodistas como Kerillis). Con otras palabras, los movimientos clandestinos fueron el producto inmediato del derrumbamiento de, *primero*, el Estado nacional reemplazado por gobiernos colaboracionistas y, *segundo*, el nacionalismo como decisiva fuerza motriz de las naciones. Los que se sumaron a la lucha entonces lucharon contra el fascismo y nada más, cosa nada sorprendente. Lo que sí sorprende a causa de su consecuencia estricta, casi lógica, es que todos esos movimientos encontraran enseguida una consigna política positiva que permitió reconocer claramente el carácter (no nacional pero sin embargo verdaderamente popular) de la nueva lucha. Esta consigna se llamaba simplemente «EUROPA».[2]

De ahí que sea muy natural que el «problema alemán», tal como lo presentaron los expertos, haya encontrado un interés muy escaso entre la resistencia europea, que enseguida vio que la vieja insistencia en el «problema alemán» sólo encubriría el problema de la «guerra ideológica» y que la proscripción de Alemania sólo impediría una solución de la cuestión europea. Los miembros de la clandestinidad estaban interesados en el «problema alemán» sólo en la medida en que éste formaba parte del problema europeo. Por eso a algún corresponsal bienintencionado, aleccionado por los expertos, le chocó que no existiera ningún odio personal contra los alemanes y que en los países liberados el odio político se dirigiera a fascistas, colaboradores y similares, independientemente de su nacionalidad.

Las palabras que Georges Bidault, antiguo jefe de la resistencia francesa y actual ministro de Asuntos Exteriores, dirigió inmediatamente después de la liberación de París a los soldados alemanes heridos, expresan de manera breve y magnífica los sentimientos de los que lucharon, no con la pluma sino arriesgando su vida, contra los nazis. Dijo: «Soldados alemanes, soy el jefe de la resistencia. He venido para desearles un rápido restablecimiento. Ojalá se encuentren ustedes pronto en una Alemania libre y en una Europa libre».

Es característico que incluso en una situación semejante se persistiera imperturbablemente en la idea de Europa. Unas palabras diferentes no hubieran correspondido a la convicción de que la crisis europea era antes que nada una crisis del Estado nacional. La clandestinidad holandesa lo formuló como sigue: «Vivimos en estos momentos [...] una crisis de la soberanía estatal. Uno de los problemas centrales de la futura paz será: ¿cómo lograremos, manteniendo la autonomía cultural, formar unidades más grandes en el plano político y económico?... Una paz duradera ahora sólo es imaginable en el supuesto de que los Estados sometan una parte de su soberanía económica y política a una autoridad europea superior. Dejamos abierta la cuestión de si se formará un consejo, una federación, los Estados unidos de Europa o cualquier otra forma de unidad».

Es evidente que para estos hombres, los auténticos homines novi de Europa, el «problema alemán» no representa, como para De Gaulle, el «centro del universo», es más, ni siquiera representa el centro de Europa. Su enemigo principal es el fascismo, no Alemania; su problema principal es la crisis de todos los Estados del continente, no sólo el alemán o el prusiano; su centro de gravedad es Francia, el país que desde hace siglos ha sido el verdadero corazón de Europa y cuyas recientes contribuciones al pensamiento político lo han convertido otra vez en la cima espiritual de Europa. En este sentido, fue más que significativo que la liberación de París se celebrara en Roma con más entusiasmo que la liberación propia y que el mensaje de la resistencia holandesa a las *Forces Françaises de l'Interieur*[3] después de la liberación de París concluyera con las palabras: «Mientras viva Francia, Europa no morirá».

Para aquellos que conocieron bien Europa en el periodo de entreguerras, tiene que haber sido casi como un *shock* ver con cuanta rapidez los mismos que sólo pocos años antes no se interesaban en absoluto por cuestiones políticas, han descubierto ahora los presupuestos fundamentales de la futura existencia de Europa. Bajo el dominio nazi no sólo han vuelto a aprender el significado de la libertad, sino que también han recuperado el respeto por sí mismos y la aspiración a asumir responsabilidades. Cosa que se ve con toda precisión en las recién extintas monarquías, donde –para sorpresa y consternación de algunos observadores– la gente ha exigido por encima de todas las cosas una forma de gobierno republicana. En Francia, un país de madura tradición republicana, gana cada vez más terreno el rechazo del antiguo centralismo, que dejaba pocas responsabilidades al ciudadano individual. La búsqueda de una nueva forma que dé mayor participación al ciudadano tanto en los deberes como en los derechos y distinciones de la vida pública es característica de todas las fracciones.

El principio fundamental de la resistencia francesa fue: *libérer et fédérer*, y con «federar» se aludía a una cuarta república federal en una Europa federal (lo contrario del «Estado centralista, que obligatoriamente se convierte en totalitario»). Los periódicos clandestinos franceses, checos, italianos, noruegos y holandeses insisten con conceptos casi idénticos en que este es el presupuesto fundamental de una paz duradera, aunque hasta donde yo sé, sólo la clandestinidad francesa ha llegado a afirmar que una estructura federal en Europa tendría que basarse en una similar estructura federal en los Estados particulares.

Igual de amplias, pero no nuevas, son las exigencias sociales y económicas. Todos exigen un cambio del sistema económico, el control de la riqueza, la nacionalización y socialización de las industrias básicas y los sectores industriales más relevantes. Aquí también tienen los franceses sus propias ideas. Tal como lo ha formulado Saillant, no quieren ningún «refrito de un programa socialista o de cualquier otro tipo»; en lo que están interesados sobre todo es en «la defensa de la dignidad humana por la que los hombres de la resistencia han luchado y se han sacrificado». Esperan evitar el peligro de un *étatisme envahissant*[4] consiguiendo que los trabajadores y el personal técnico de cada fábrica coparticipen en su empresa y los consumidores obtengan una voz decisiva en la gestión.

Era necesario esbozar al menos este armazón programático general, pues sólo en este marco tiene realmente sentido la respuesta al «problema alemán». Llama la atención que no aparezca ningún tipo de vansittarismo.[5] Uno de los oficiales franceses que con la ayuda clandestina alemana fueron escapando día a día de los campos de prisioneros de los nazis, cuenta que los de casa odiaban mucho más a los alemanes que los propios prisioneros. «Nuestro odio, el apasionado odio de los prisioneros, lo dirigimos a los colaboracionistas, los oportunistas y similares, a todos los que han ayudado al enemigo, y como nosotros hay tres millones...» El periódico socialista polaco *Freedom* ha lanzado una advertencia contra el llamamiento a la represalia, ya que «puede ser que surja la exigencia de dominar a otras naciones, lo que significaría el triunfo de los métodos y concepciones más genuinos del nazismo después de su derrota». Los movimientos de los demás países han hecho declaraciones parecidas. Este temor a caer ellos mismos en algún tipo de racismo, justo después de haber vencido al racismo alemán es el motivo general por el que rechazan la fragmentación de Alemania. En esta cuestión, como en muchas otras, impera un desacuerdo casi total entre los movimientos clandestinos y los gobiernos en el exilio. De Gaulle, por ejemplo, exigía, todavía en el exilio, la anexión de Renania. Más tarde, cuando llegó a la liberada París, retiró esta exigencia y declaró que lo que Francia quería era una participación activa en la ocupación de Renania.

En cualquier caso, los holandeses, los polacos, los noruegos y los franceses respaldaban decididamente el programa de nacionalización de la industria pesada alemana, de liquidación como clase social de los latifundistas e industriales, de desarme total y de control de la producción industrial. Algunos esperaban la construcción de una Alemania confederada. El partido socialista francés declaró que este proyecto «tendría que hacerse realidad en estrecha colaboración con los demócratas alemanes» y todos los programas concluían con la advertencia de que «dejar en la miseria económica a setenta millones de personas en el corazón de Europa» (decían los noruegos) significaría que se abandona el objetivo final de «aceptar a Alemania en la comunidad de las naciones europeas con un plan económico europeo» (decían los holandeses).

Quien piense en los términos de la clandestinidad europea se da cuenta de que la alternativa tan discutida entre un tratado de paz más suave o uno más duro con Alemania apenas tiene nada que ver con el problema de la futura soberanía de este país. De aquí que los holandeses afirmen que «el problema de la igualdad de derechos no se solucionará restituyendo los derechos de soberanía al Estado vencido sino sólo concediéndole una limitada influencia en un consejo europeo o en una federación europea». Los franceses, que ya hacen planes para el momento en que los ejércitos de ocupación no europeos abandonen el continente y ellos mismos vuelvan a dedicarse a intereses estrictamente europeos, han indicado que «cualquier limitación esencial de la soberanía alemana sólo podrá plantearse sin problemas cuando todos los Estados acepten asimismo limitaciones significativas de su propia soberanía».

Mucho antes de que se conociera el plan Morgenthau, los movimientos clandestinos habían rechazado cualquier idea de destruir la industria alemana. Este rechazo es tan general que es superfluo citar fuentes concretas. Los motivos son evidentes: el miedo opresivo pero al mismo tiempo justificado de que media Europa tenga que pasar hambre si la industria alemana interrumpe la producción.

En lugar de la destrucción de esta industria proponen su control, que ejercerían no tanto un país o un pueblo en particular como un consejo asesor europeo, el cual, conjuntamente con representantes alemanes, asumiría la responsabilidad de la gestión de la industria alemana con el fin de poner en marcha la producción y dirigir la distribución. El más destacado de todos los planes económicos relativos a la explotación europea de la industria alemana es el programa francés, que ya se debatió como propuesta antes de la liberación. Según este programa, las regiones industriales del oeste de Alemania, el Ruhr, el Sarre y Renania-Westfalia deberían configurar un único sistema económico junto con el este de Francia y Bélgica, todo ello sin alterar las fronteras.

Pero el motivo de la disposición a llegar a un acuerdo con la futura Alemania no es sólo la preocupación por el bienestar económico o incluso el sentimiento natural de que a pesar de las decisiones de los aliados continúa habiendo alemanes en Europa. También hay que tener en cuenta que la resistencia europea ha luchado en muchos casos hombro con hombro con los antifascistas alemanes y los desertores de la Wehrmacht. La resistencia europea sabe que hay una clandestinidad alemana, pues los millones de trabajadores extranjeros y prisioneros de guerra tuvieron numerosas ocasiones de reclamar sus servicios. Al referir los contactos habidos en Alemania entre prisioneros de guerra franceses, trabajadores forzados franceses y la clandestinidad francesa, un oficial francés habla escuetamente de los clandestinos alemanes y destaca que tal toma de contacto hubiera sido imposible «sin la ayuda activa de soldados y trabajadores alemanes». También menciona que «al atravesar el alambre de púas, había dejado atrás a muchos buenos amigos entre los alemanes». Todavía es más impresionante su afirmación de que la clandestinidad alemana contaba con la ayuda de los franceses en Alemania justo «en el momento en que se preparaba el golpe final », y que gracias a la cooperación organizada entre ambos grupos, los franceses conocían el lugar donde la clandestinidad alemana había almacenado sus armas.

Hemos mencionado los detalles para aclarar en qué experiencias concretas se basan las ideas programáticas de la resistencia europea respecto a Alemania. Estas experiencias hacen más convincente la actitud ya característica de los antifascistas europeos desde hace años. Bernanos ha definido recientemente esta postura como «l'espoir en des hommes dispersés à travers l'Europe, séparés par les frontières et par la langue, et qui n'ont guère de commun entre eux que l'expérience du risque et l'habitude de ne pas céder à la menace».[6]

IV

El regreso de los gobiernos en el exilio puso un rápido fin a este nuevo sentimiento de solidaridad europea, ya que la existencia de estos gobiernos dependía totalmente de la restauración del statu quo. Perseguían el objetivo de desbaratar el renacimiento político de los pueblos europeos y de ahí su persistente interés en la debilitación y disolución de los movimientos de resistencia.

La restauración en Europa adopta ahora la forma de tres conceptos fundamentales. Primero, aparece el concepto de la seguridad colectiva, que en realidad no es nuevo sino tomado de los felices días de la Santa Alianza. Este concepto se había resucitado después de la guerra precedente con la esperanza de mantener bajo control las aspiraciones nacionalistas y los instintos agresivos. Pero este cálculo no salió bien debido no a estos instintos agresivos sino a los factores ideológicos que entraron en juego. Por ejemplo, Polonia, a pesar de estar amenazada por Alemania, rechazó la ayuda del Ejército Rojo, sin la cual, sin embargo, la seguridad colectiva difícilmente podía convertirse en un hecho. La seguridad estratégica de las fronteras se sacrificó porque el atacante principal, Alemania, encarnaba la lucha contra el bolchevismo. Está claro que el sistema de la seguridad colectiva sólo puede recomponerse bajo la condición de que ya no se den factores ideológicos distorsionantes. Tal condición es, no obstante, ilusoria.

Para evitar el choque entre las fuerzas ideológicas de todas las naciones podría seguirse –según el segundo concepto– la política de la clara delimitación de las esferas de intereses. Esta política procede de los métodos imperialistas del colonialismo, aplicados ahora a Europa. Pero es inverosímil tratar a los europeos como colonizados en una época en que incluso las colonias se hallan claramente en vías de independizarse. Todavía es más irreal la esperanza de que en un territorio tan pequeño y tan densamente poblado como el europeo sea posible construir muros que aíslen a una nación de las otras e impidan el efecto recíproco de las fuerzas ideológicas.

De momento somos testigos de la resurrección de la vieja alianza bilateral, que por lo visto se ha convertido en el instrumento político preferido por el Kremlin. Este tercer y último préstamo del gigantesco arsenal de la política de la fuerza significa sólo una cosa: volver a aplicar los medios políticos del siglo XIX, cuya inutilidad ya se descubrió y se atacó públicamente después de la guerra precedente. Lo que ocurre al final con semejantes pactos bilaterales ya se sabe: en cualquier alianza el más fuerte domina política e ideológicamente al más débil.

Los gobiernos en el exilio, que sólo están interesados en restablecer la situación y en ninguna otra cosa, vacilan de manera lamentable entre estas alternativas y están dispuestos a aceptar casi todo lo que los Tres Grandes les ofrecen: seguridad colectiva, esfera de intereses o alianza. En este contexto hay que conceder una posición especial a De Gaulle, ya que, a diferencia de los demás, representa unas fuerzas anticuadas, las de un tiempo que a pesar de todos sus errores era más benévolo con los deseos humanos que el pasado reciente. En otras palabras, sólo él representa en realidad el patriotismo y el nacionalismo en el viejo sentido. Cuando sus antiguos camaradas del ejército francés y de la *Action Française*[7] se convirtieron en traidores, cuando el pacifismo se apoderó de Francia y las clases dominantes se apresuraron a colaborar, ni siquiera entendió lo que pasaba. En cierto modo tuvo la suerte de no comprender lo que veía, es decir, que los franceses no querían una guerra nacional contra Alemania. Todo lo que ha hecho hasta ahora lo ha hecho por mor de la nación y su patriotismo está tan enraizado en la voluntad general que la resistencia, esto es, el pueblo, fue capaz de apoyar su política e influir en ella. De Gaulle es el único estadista nacionalista que queda en Europa y también es el único que habla en serio cuando se refiere al «problema alemán como el centro del universo». Para él la guerra no es un conflicto ideológico sino nacional. Lo que él desea para Francia es la mayor participación posible en la victoria sobre Alemania. La resistencia ha refrenado su afán anexionista. Su nueva propuesta, aparentemente aceptada por Stalin, que prevé crear un Estado alemán independiente en Renania, bajo el control aliado o francés, tiene el aspecto de un compromiso entre sus anteriores planes de anexión y las esperanzas de la resistencia francesa puestas en una Alemania federal y en una economía alemana controlada por organismos europeos.

El restablecimiento de las antiguas circunstancias ha comenzado lógicamente con la reaparición de los inacabables conflictos fronterizos que sólo interesan a unos cuantos nacionalistas mohosos. A pesar de las fuertes protestas de los movimientos clandestinos en sus respectivos países, todos los gobiernos en el exilio han planteado exigencias territoriales. Dichas exigencias, apoyadas e incluso quizá atizadas por Londres, sólo pueden satisfacerse a costa de los vencidos y si no se actúa a la ligera ante esta perspectiva de conseguir nuevos territorios, es sólo porque al parecer nadie sabría cómo resolver los consiguientes problemas demográficos que resultarían. Los acuerdos sobre minorías,[8] de los que se habían esperado milagros al final de la guerra precedente, están hoy día completamente descartados, aunque nadie espere nada de la única alternativa: la asimilación. Esta vez se espera resolver el problema mediante traslados de población. Los checos fueron los primeros que anunciaron su firme intención de romper los acuerdos sobre minorías y enviar al Reich dos millones de alemanes. Los demás gobiernos en el exilio han seguido este ejemplo y han anunciado planes similares respecto a los alemanes que se encuentran en los territorios liberados (se trata de muchos millones).

Pero si tales traslados se producen efectivamente, no sólo se prolongará el caos indefinidamente sino que quizá pasará algo peor. Pasará que los territorios liberados quedarán subpoblados y los vecinos de Alemania no serán capaces de repoblarlos adecuadamente ni de aprovechar sus recursos, lo que significará o bien una nueva inmigración de mano de obra alemana –y con ello el resurgimiento de los viejos peligros– o bien que una Alemania superpoblada se verá obligada para sobrevivir a desarrollar sofisticados procesos industriales y una mano de obra altamente cualificada. El resultado de semejante «castigo» será el mismo que el del tratado de Versalles, del que también se supuso que sería un instrumento fiable para la destrucción del poder económico de Alemania y que, al contrario, se reveló como la auténtica causa de la elevada racionalización y el sorprendente crecimiento de la capacidad industrial de Alemania. Puesto que en nuestro tiempo el potencial de mano de obra es mucho más importante que cualquier territorio y el trabajo cualificado es mucho más útil que las materias primas para la investigación científica a alto nivel, nos encontramos probablemente en vías de crear en medio de Europa un polvorín gigantesco cuya fuerza explosiva puede ser para los estadistas de mañana una sorpresa exactamente tan grande como lo fue el auge de la vencida Alemania para los estadistas de ayer.

El plan Morgenthau, finalmente, parece ofrecer una clara solución. Pero apenas nadie puede apoyarse en él para transformar

Alemania en una nación de pequeños campesinos porque ninguna potencia asumirá eliminar a los aproximadamente treinta millones de alemanes que sobrarían. Cualquier intento serio en esa dirección provocaría con toda probabilidad esa «situación revolucionaria» que los partidarios de la restauración temen más que ninguna otra cosa.

Por eso no hay que esperar nada de la restauración. Si tuviera éxito, el proceso de los últimos treinta años podría volver a empezar pero esta vez a un ritmo mucho más rápido, pues la restauración tiene que comenzar propiamente con la reaparición del «problema alemán». El círculo vicioso en que se mueven todas las discusiones sobre el «problema alemán», prueba inequívocamente lo utópicas que son la «Realpolitik» y la política de la fuerza cuando se las aplica a los problemas reales de nuestro tiempo. La única alternativa a estos métodos anticuados que ni siquiera garantizan la paz, y no digamos la libertad, es seguir el rumbo indicado por la resistencia europea.

Visita a alemania 1950

Los efectos del régimen nazi

I

En menos de seis años Alemania destruyó el armazón moral del mundo occidental cometiendo unos crímenes que nadie hubiera creído posibles, mientras los vencedores reducían a escombros los testimonios visibles de la milenaria historia alemana. A esta tierra devastada, reducida a la frontera marcada por la línea Oder-Neisse y que apenas podía proveer a su población desmoralizada y agotada, afluyeron después millones de personas de los territorios orientales, de los Balcanes y del este de Europa. Esta corriente humana añadió al cuadro de las catástrofes existente pinceladas específicamente modernas, a saber, la expatriación, el desarraigo social y la carencia de derechos políticos. Podría dudarse de que la política aliada de expulsar a todas las minorías alemanas de los países no alemanes —como si no hubiera ya suficientes apátridas en el mundo— ha sido inteligente, pero lo que queda fuera de toda duda es que entre los pueblos europeos que durante la guerra sufrieron la asesina política demográfica de Alemania la simple idea de tener que convivir con alemanes en el mismo territorio provocaba espanto y no sólo rabia.

El aspecto que ofrecen las ciudades destruidas de Alemania y las noticias sobre los campos de concentración y de exterminio alemanes arrojan una sombra de profunda tristeza sobre Europa, provocando que el recuerdo de la pasada guerra sea más doloroso y persistente y que el miedo de futuras guerras tome cada vez más forma. No es el «problema alemán», en la medida en que se trate de un foco de conflictos nacionales dentro de la comunidad de las naciones europeas, sino la pesadilla de una Alemania arruinada física, moral y políticamente lo que se ha convertido en un componente casi tan decisivo en la vida común de Europa como los movimientos comunistas.

Pero en ninguna parte se nota menos esta pesadilla de destrucción y terror y en ninguna parte se habla menos de ella que en Alemania. Llama la atención por doquier que no haya ninguna reacción a lo sucedido, pero es difícil decir si se debe a alguna deliberada resistencia a afligirse o es la expresión de una auténtica insensibilidad. En medio de las ruinas, los alemanes se escriben unos a otros postales de iglesias y plazas de mercado, de edificios y puentes que ya no existen. Y la indiferencia con que se mueven entre los escombros se corresponde exactamente con el hecho de que nadie llora a los muertos y se refleja en la apatía con que reaccionan (o más bien no reaccionan) al destino de los refugiados entre ellos. Sin embargo, esta insensibilidad general o en todo caso la evidente falta de corazón que a veces se envuelve con un sentimentalismo barato sólo es el síntoma externo más llamativo de la negativa profundamente enraizada, obstinada y ocasionalmente brutal a encarar y soportar lo verdaderamente sucedido.

Esta indiferencia, y la irritación que despierta que se la critique, pueden comprobarse en personas de educación diversa. El experimento más simple consiste en hacer constar *expressis verbis* lo que el interlocutor ya ha notado desde el inicio de la conversación, a saber, que uno es judío. Por regla general sigue una breve pausa de apuro,[1] y a continuación no una pregunta personal como por ejemplo: «¿Adónde fue usted cuando abandonó Alemania?» o ninguna señal de compasión del tipo: «¿Qué pasó con su familia?», sino una oleada de historias sobre lo que han sufrido los alemanes (cosa que es verdad pero que no viene al caso). Y si casualmente el destinatario de este pequeño experimento es culto e inteligente, incluso empieza a comparar las desgracias de los alemanes con las de los demás, con lo que da a entender tácitamente que el balance de desgracias es comparable y que mejor sería pasar a un tema más fructífero. La forma estándar de reaccionar ante las ruinas constituye una maniobra de distracción similar. Cuando la reacción es abierta consiste en un suspiro al que sigue la pregunta medio retórica medio melancólica: «¿Por qué la humanidad tiene siempre que hacer la guerra?». El alemán corriente no busca las causas de la última guerra en los actos del régimen nazi sino en los acontecimientos que provocaron la expulsión de Adán y Eva del Paraíso.

Naturalmente, huir de la realidad de esta manera es también huir de la responsabilidad, y en eso los alemanes no están solos. Todos los pueblos del oeste de Europa han adquirido la costumbre de hacer responsables de su adversidad a fuerzas que quedan fuera de su ámbito de influencia: sean hoy América y la OTAN, mañana la herencia de la ocupación nazi o cada día la historia en general. Pero en Alemania esta actitud se remarca más, ya que apenas resisten la tentación de echar la culpa de todo lo imaginable a las fuerzas de ocupación: en la zona británica es el miedo de los británicos por la competencia alemana, en la zona francesa el nacionalismo francés, en la zona americana, donde la situación es la mejor en todos los sentidos, el desconocimiento americano de la mentalidad europea. Es natural que la gente se lamente y todas las quejas tienen un fondo de verdad, pero tal actitud esconde una obstinada aversión a utilizar las muchas oportunidades que se deja a la iniciativa alemana. Donde quizá se manifiesta esto más claramente es en los periódicos alemanes, en los que cada afirmación expresa contiene un matiz de *alegría del mal ajeno* (un estilo que se cultiva cuidadosamente). Es como si los alemanes, ahora que se les ha impedido dominar el mundo, se hubieran enamorado de la debilidad o como si, independientemente de las posibles consecuencias para ellos mismos, encontraran un gran placer en comentar las tensiones internacionales y los inevitables errores en el ejercicio del gobierno. El miedo ante una agresión rusa no implica necesariamente una actitud claramente proamericana sino a menudo una neutralidad terminante, como si tomar partido en este conflicto fuera tan absurdo como tomarlo ante un terremoto. Aunque se dan cuenta de que una actitud neutral no puede cambiar su destino no la transforman en una política racional, de manera que esta atmósfera ya de por sí extremadamente irracional aún empeora más.

Pero es evidente que la realidad de los crímenes nazis, de la guerra y de la derrota, consciente o reprimida, todavía preside la totalidad de la vida en Alemania y que a los alemanes se les han ocurrido diversos trucos para eludir sus traumáticos efectos.

La realidad de las fábricas de la muerte se convierte en mera posibilidad: los alemanes sólo hicieron lo que también otros hubieran sido capaces de hacer (afirmación que naturalmente se ilustra con muchos ejemplos) o lo que otros estarán en situación de hacer en un futuro; por eso cualquiera que saque este tema es sospechoso *ipso facto* de fariseísmo. En este sentido la política de los aliados en Alemania se califica a menudo de eficaz campaña de venganza, aunque después se compruebe que los alemanes que defienden esta opinión saben con toda exactitud que la mayoría de sus lamentos se refieren o bien a consecuencias inmediatas de haber perdido la guerra o bien a cosas sobre las que las potencias occidentales no tenían influencia alguna. Pero la insistente afirmación de que hay un alambicado plan de venganza actúa como argumento tranquilizador para probar que todos los humanos son igual de pecadores.

La destrucción real que rodea a todos los alemanes se diluye en una autocompasión cavilosa aunque de raíces poco profundas, que se esfuma aceleradamente cuando en cualquier avenida se construyen esas pequeñas y horrorosas casas bajas, que podrían proceder de cualquier calle principal americana, para disimular rudimentariamente el paisaje desolado y poner a la venta elegancia provinciana profusa en escaparates supermodernos. En comparación con la actitud de los alemanes ante todos sus tesoros perdidos, los franceses y británicos están más tristes por los monumentos (comparativamente pocos) destruidos en sus países. En Alemania se tiene la esperanza exagerada de ser el país «más moderno» de Europa, pero eso son meras habladurías, y el mismo que acaba de expresar dicha esperanza enseguida se obstina en afirmar que la próxima guerra deparará al resto de ciudades europeas lo mismo que la pasada a las alemanas (lo que naturalmente es posible y además renovada prueba de la conversión de la realidad en mera posibilidad). Ese deje de satisfacción que se puede captar con frecuencia en las conversaciones de los alemanes sobre la próxima guerra, no es ninguna señal del malévolo renacimiento de los planes de conquista alemanes, como tantos observadores han afirmado, sino sólo una artimaña más para huir de la realidad, pues en medio de una destrucción indiscriminada y definitiva la situación alemana perdería su explosiva actualidad.

Sin embargo, el aspecto probablemente más destacado, y también más terrible, de la huida de los alemanes ante la realidad sea la actitud de tratar los hechos como si fueran meras opiniones. Por ejemplo, a la pregunta de quién comenzó la guerra se da una sorprendente variedad de respuestas. En el sur de Alemania una mujer –por lo demás de inteligencia media– me contó que la guerra la habían empezado los rusos con un ataque relámpago a Danzig (este es sólo el más notable de los múltiples ejemplos). Pero la conversión de los hechos en opiniones no se limita únicamente a la cuestión de la guerra; se da en todos los ámbitos con el pretexto de que todo el mundo tiene derecho a tener su propia opinión, una especie de *gentlemen's agreement* según el cual todo el mundo tiene derecho a la ignorancia (tras lo que se oculta el supuesto implícito de que en realidad las opiniones no son ahora la cuestión). De hecho, este es un problema serio, no sólo porque de él se derive que las discusiones sean a menudo tan desesperanzadas (normalmente uno no va por ahí arrastrando siempre obras de consulta) sino, sobre todo, por que el alemán corriente cree con toda seriedad que esta competición general, este relativismo nihilista frente a los hechos, es la esencia de la democracia. De hecho se trata, naturalmente, de una herencia del régimen nazi.

Las mentiras de la propaganda totalitaria se diferencian de las mentiras habituales, de las que se sirven los regímenes no totalitarios en épocas de necesidad, sobre todo por el hecho de que niegan constantemente el valor de los hechos: todos pueden modificarse y toda mentira hacerse verdad. La mayor marca que los nazis dejaron sobre la conciencia de los alemanes fue la de entrenarles para percibir la realidad no como una suma de hechos firmes e innegables sino como un conglomerado de acontecimientos y consignas continuamente cambiantes, de manera que un día podía ser verdadero lo que al día siguiente ya sería falso. Precisamente este adiestramiento podría ser uno de los motivos de los escasos indicios de la subsistencia de cualquier clase de propaganda nazi y, al mismo tiempo, del igualmente sorprendente desinterés por rechazar las doctrinas nazis. En este caso no se trata de adoctrinamiento sino de la incapacidad de y la reticencia a distinguir entre hecho y opinión. Un debate sobre los acontecimientos de la guerra civil española se desarrolla en el mismo plano que una discusión sobre las teóricas ventajas y deficiencias de la democracia.

De aquí que el problema de las universidades alemanas no sea tanto reintroducir la libertad de cátedra como restablecer una investigación honesta, confrontar a los estudiantes con informes imparciales sobre lo realmente sucedido y apartar a aquellos docentes que sean incapaces de hacerlo. Para la vida académica en Alemania representan un peligro no sólo los que creen que se debería sustituir la libertad de opinión por una dictadura en que una única opinión, sin necesidad de ser fundada o responsable, ocupe una posición de monopolio sino también aquellos que no quieren saber nada de hechos y de realidades. Cierto que estos no pretenden que sus opiniones privadas sean las únicas necesariamente acertadas pero les conceden la misma legitimidad que a otras formas de pensar.

Que la mayoría de estas formas de pensar resulten irreales e irrelevantes en comparación con el espantoso significado de la experiencia que vivieron sus actuales representantes se debe sobre todo a que son anteriores a 1933. Hay una necesidad casi instintiva de refugiarse en pensamientos e ideas que se tenían antes de que ocurriera nada comprometedor. El resultado es que, mientras que Alemania ha cambiado exterior e interiormente hasta hacerse irreconocible, la gente habla y se comporta como si no hubiera pasado absolutamente nada desde 1932. Los autores de los pocos libros importantes publicados en Alemania desde 1933 o desde 1945 ya eran famosos 20 o 25 años antes. La generación más joven parece estar como petrificada y es incapaz de expresarse o de concebir un pensamiento coherente.

Un joven historiador del arte, que guiaba a un grupo de visitantes en un museo de Berlín mostrándoles las obras maestras que se habían enviado anteriormente a varias ciudades americanas para su exposición, dijo señalando el busto egipcio de Nefertiti «por el que nos envidia todo el mundo» y luego afirmaba que: a) ni siquiera los americanos habían «osado» llevarse este «símbolo de las colecciones berlinesas» a los Estados Unidos y que b) los británicos, gracias a la «intervención de los americanos» no «osaron» llevarse a Nefertiti al Museo Británico. Estas dos posturas contradictorias respecto a los americanos estaban a una sola frase de distancia. Quien las dijo no lo hizo por propia convicción; sólo rebuscaba mecánicamente entre los clisés con que su entendimiento estaba pertrechado para encontrar exactamente el que podría convenir a cada momento. Por regla general estos clisés tienen un regusto nacionalista más bien pasado de moda y no son testimonios directos del tono de los nazis, pero si se busca detrás de ellos un punto de vista consecuente –por reprobable que sea– el esfuerzo es en vano.

Con la caída del nazismo los alemanes se vieron confrontados otra vez con los hechos y la realidad. Pero la experiencia del totalitarismo les ha arrebatado cualquier reacción espontánea, verbal o intelectual, de manera que ahora, cuando falta la pauta oficial se quedan prácticamente sin habla y son incapaces de articular cualquier tipo de reflexión o de expresar sus sentimientos adecuadamente. El ambiente intelectual está impregnado de lugares comunes, de nociones muy anteriores a los acontecimientos actuales, a los que se supone deberían adecuarse. Uno se siente oprimido por una estupidez evidente y generalizada de la que no se puede esperar ningún juicio correcto en las cosas más elementales y que permite, por ejemplo, lamentarse en un periódico de que: «Una vez más, todo el mundo nos dejó abandonados». El ciego egocentrismo de la frase puede compararse con la observación que Ernst Jünger oyó por casualidad cerca de Hannover en una conversación sobre los trabajadores forzados rusos, y que anotó en sus diarios (*Radiaciones*, 1949): «Al parecer los hay que son unos cerdos. Les roban la comida a los perros». Como Jünger observa, «con frecuencia tiene uno la impresión de que las clases medias alemanas parecen poseídas por el demonio».

La rapidez con que después de la reforma monetaria se instaló de nuevo la cotidianidad en Alemania y se dio inicio por todas partes a la reconstrucción fue tema de conversación en toda Europa. Sin duda en ninguna parte la gente trabaja tanto y durante tantas horas como en Alemania. Es un hecho reconocido que los alemanes están locos por el trabajo desde hace generaciones y a primera vista su actual laboriosidad puede dar la impresión de que Alemania sigue siendo la nación más peligrosa de Europa. Además los incentivos para trabajar son numerosos. El desempleo adquiere proporciones peligrosas y la posición de los sindicatos es tan débil que los trabajadores ni siquiera exigen cobrar las horas extras y con frecuencia ni siquiera informan de ello a su sindicato. La situación en el sector de la vivienda es peor de lo que se supone viendo la multitud de nuevas construcciones: los edificios comerciales y de oficinas para las grandes empresas industriales y aseguradoras tiene una prioridad indiscutible sobre los bloques de pisos, y por eso la gente prefiere ir a trabajar los sábados y los domingos a quedarse en sus casas abarrotadas. En el caso de la reconstrucción, como en casi todos los ámbitos vitales, todo se destina (a menudo de una manera extremadamente espectacular) a crear una copia fiel de las circunstancias económicas e industriales anteriores a la guerra, mientras que es muy poco lo que se hace por el bienestar de la masa de la población.

Pero ninguno de estos hechos explica por qué el resultado de un clima de trabajo tan febril es una producción comparativamente tan mediocre. En el fondo, la disposición al trabajo de los alemanes ha sufrido un cambio profundo. La antigua virtud de conseguir un producto final lo más excelente posible independientemente de las condiciones de trabajo, ha sido sustituida por la ciega obligación de estar permanentemente ocupado, por una ávida exigencia de estar todo el día haciendo lo que sea sin pausa. Si se observa a los atareados alemanes dando tumbos entre las ruinas de su milenaria historia y encogerse de hombros ante los monumentos destruidos o tomándose a mal que alguien les recuerde los horribles actos que el resto del mundo no puede ignorar, se comprende que la laboriosidad se haya convertido en su principal arma para defenderse de la realidad. Y nos gustaría gritar: pero nada de esto es real, lo real son las ruinas, lo real es el espanto del pasado, lo real son los muertos que habéis olvidado. Pero nos estaríamos dirigiendo a espectros vivientes a los que las palabras, los argumentos, la mirada y la tristeza de unos ojos y uno corazones humanos no pueden conmover.

Naturalmente, también hay muchos alemanes que no encajan con esta descripción. Sobre todo en Berlín cuya población en medio de la terrible destrucción material no se deja amedrentar. No sé por qué pero las costumbres y los usos, la manera de hablar y los modales son hasta en el menor detalle tan diferentes a los que encontramos en el resto de Alemania que Berlín casi parece otro país. Es evidente que en Berlín había y hay menos resentimiento contra los vencedores; cuando los primeros bombardeos masivos de los ingleses dejaron la ciudad reducida a escombros, nos contaban cómo los berlineses salían arrastrándose de sus sótanos y decían al ver que los bloques de casas habían desaparecido uno tras otro: «Bueno, si los tommys quieren continuar así pronto tendrán que traer sus propias casas». No se sienten desconcertados ni tienen sentimientos de culpa sino que describen abierta y detalladamente lo que les pasó a los judíos berlineses cuando estalló la guerra. Pero lo más importante de todo es que la población berlinesa sigue odiando intensamente a Hitler y aunque tiene más motivos que otros alemanes para verse como figurillas de ajedrez de la política internacional, no se siente impotente sino que está convencida de que su postura sirve para algo. Y si se le da aunque sólo sea media oportunidad, al menos se venderá cara.

Los berlineses trabajan tan duro como el resto de la gente en Alemania, pero no están tan ocupados, se toman el tiempo necesario para guiar a alguien a través de las ruinas y pronunciar solemnemente los nombres de las calles desaparecidas. Es casi increíble pero parece que para ellos es importante afirmar que Hitler nunca pudo conquistarlos completamente. Están sorprendentemente bien informados y han conservado su sentido del humor y la amabilidad insolente que les es propia. Dejando aparte que están algo más tristes y no sueltan tan rápidamente la carcajada, el único cambio producido en los habitantes es que la «roja Berlín» es ahora apasionadamente anticomunista. Pero también en este punto vuelve a haber una importante diferencia entre Berlín y el resto de Alemania: sólo los berlineses se esfuerzan por dejar claras las similitudes entre Hitler y Stalin y sólo los berlineses se esfuerzan por explicar que, naturalmente, no están contra el pueblo ruso, cosa que es aún más destacable si se piensa en lo que les pasó a los berlineses, muchos de los cuales habían saludado al ejército rojo como auténticos liberadores, durante los primeros meses de la ocupación y todavía hoy en el sector oriental.

Por desgracia, la excepción que representa Berlín no es muy significativa, ya que la ciudad está herméticamente cerrada y tiene poco contacto con el resto del país, pero en todas partes se encuentra a gente que, debido a la inseguridad de la situación, ha abandonado Berlín en dirección a las zonas del oeste y ahora lamenta amargamente su soledad y airea su indignación. Efectivamente hay muchos alemanes que son «diferentes» pero que consumen toda su energía intentando romper el ambiente opresivo que les rodea y aun así siguen aislados. En cierto modo estas personas están psicológicamente peor hoy que en los años más duros del terror hitleriano. En los últimos años de guerra había una vaga camaradería opositora entre todos aquellos que por un motivo u otro estaban contra el régimen. Juntos esperaban el día de la derrota y puesto que no tenían realmente la intención de acelerar su llegada –salvo las pocas excepciones universalmente conocidas–, se entregaban a las emociones de una rebelión más o menos imaginaria. El peligro efectivo, que ya se corría por el mero hecho de pensar en oponerse, generó un sentimiento de solidaridad que era tanto más confortador por cuanto sólo podía exteriorizarse mediante gestos intangibles y emocionales, como una mirada o una presión de manos, gestos que adquirían una importancia desproporcionada. El tránsito de esta exhausta comunidad en el peligro al burdo afán de notoriedad y la progresiva vacuidad de la vida de postguerra ha sido para mucha gente una experiencia verdaderamente penosa. (Señálese aún que hoy en día, en la zona oriental, cuyo régimen policial es detestado casi unánimemente por la población, domina un ambiente todavía más impregnado de camaradería, confianza, medias insinuaciones y gestos que en la época nazi, de modo que son precisamente los mejores elementos de la zona oriental aquellos a los que resulta más difícil pasarse a la occidental).

II

Quizá la parte más triste de la triste historia es que las tres medidas tomadas por los aliados occidentales para solucionar los problemas morales, políticos y económicos han fracasado. Desnazificación, reactivación de la libre empresa y federalismo no son seguramente las causas de las actuales circunstancias de Alemania pero sí han contribuido a velar, y por tanto a prolongar, la confusión moral, el caos económico, la injusticia social y la impotencia política.

La desnazificación se basó en el presupuesto de que había criterios objetivos tanto para una distinción clara entre nazis y no-nazis como para la reconstrucción de la jerarquía nazi, desde los pequeños simpatizantes hasta los grandes criminales de guerra. Desde el principio todo el sistema, trabado a base de factores como tiempo de afiliación al partido, rango y función, fecha de ingreso en el mismo, etc., fue muy complicado e involucró a casi todo el mundo. Los poquísimos que consiguieron no mezclarse en la corriente nacionalsocialista y permanecer con vida se libraron de la desnazificación, cosa naturalmente acertada, pero además de ellos hubo toda una serie de personajes totalmente diferentes que con mucha suerte, cuidado o influencia pudo eludir las numerosas contrariedades de haber pertenecido al partido: personas, pues, que fueron prominentes en la Alemania nazi

51

pero a las que después no se ha exigido pasar por el proceso de desnazificación. Alguna de estas señorías, procedentes en su mayor parte de la clase media-alta, han establecido mientras tanto contactos abiertos con sus colegas menos afortunados, encarcelados por algún crimen de guerra. En parte, el motivo es buscar consejo en cuestiones económicas o asuntos de negocios pero al fin y al cabo también que la hipocresía les parece aburrida. Las injusticias del sistema de desnazificación fueron tan simples como monótonas: el basurero municipal que durante el gobierno de Hitler tuvo que hacerse miembro del partido o buscarse otro trabajo se vio envuelto en la red de la desnazificación, mientras que sus superiores, en cambio, o bien salieron indemnes porque sabían cómo arreglar tales cosas o bien recibieron la misma pena que él, lo que para ellos, naturalmente, era mucho más leve.

Peor que las injusticias cotidianas fue que este sistema, cuya intención era efectuar una clara distinción moral y política en el caos de un pueblo completamente desorganizado, tendió a borrar las pocas diferencias verdaderas que habían sobrevivido al régimen nazi. Naturalmente, los opositores activos al régimen habían tenido que ingresar en una organización nazi para camuflar sus actividades ilegales, con lo que después estos miembros del movimiento de resistencia alemán se vieron capturados en la misma red que sus enemigos, para mayor alegría de estos. Teóricamente era posible aportar pruebas de actividades antinazis pero no solamente era difícil convencer a los oficiales de las fuerzas de ocupación, que no tenían la menor experiencia en la complicación de un régimen de terror, sino que también había el peligro de que el implicado se perjudicase a sí mismo a los ojos de las autoridades si insistía con demasiada convicción en que había sido capaz de pensar con independencia y de actuar con rebeldía (pues a las fuerzas de ocupación les interesaba sobre todo la tranquilidad y el orden).

Es dudoso que el programa de desnazificación en Alemania asfixiara la formación de nuevos grupos políticos que hubieran podido surgir de la resistencia contra el nazismo, ya que la fuerza vital del movimiento de resistencia era realmente escasa. Pero queda fuera de toda duda que la desnazificación ha creado una nueva y perniciosa comunidad de intereses entre los más o menos comprometidos, aquellos que por oportunismo se hicieron nazis con más o menos convicción. Este poderoso grupo de elementos ligeramente dudosos linda tanto con el de aquellos que mantuvieron su integridad como con el de los que fueron irrefutablemente activos en el movimiento nazi. En ambos casos sería equivocado suponer que esta delimitación se debe a convicciones políticas: la exclusión de oponentes convencidos al nazismo no prueba que los demás fueran nazis convencidos y la identificación de los nazis «célebres» no significa que los demás odiaran el nazismo. El programa de desnazificación representó simplemente una amenaza inmediata para el sustento y la existencia y por eso la mayoría intentó mitigar la presión asegurándose mutuamente que no había que tomarse el asunto demasiado en serio. Tal connivencia sólo es posible con aquel que está tan comprometido como uno mismo. Tanto a los que fueron nazis por convicción como a los que mantuvieron su integridad se los considera elementos extraños y amenazadores, en parte porque el pasado no les infunde ningún miedo pero también porque su mera existencia es la prueba viviente de que ocurrió algo realmente grave, algo decisivo. Por eso hoy se excluye de las posiciones poderosas e influyentes no sólo a los nazis activos sino también a los anti-nazis convencidos. Este es el síntoma que caracteriza con la máxima claridad la inexistente predisposición de la intelectualidad alemana a tomarse en serio su propio pasado o a cargar el peso de la responsabilidad que les ha endosado el régimen hitleriano.

La actitud general, aunque no únicamente típica de Alemania, frente a las encuestas oficiales corroboró la comunidad de intereses entre los más o menos comprometidos. Contrariamente a la costumbre anglosajona y americana a los europeos no les importa demasiado decir siempre la pura verdad cuando una autoridad oficial exige informaciones molestas. En los países donde el sistema legal no permite testificar en los asuntos propios la mentira no se considera ningún gran pecado si la verdad perjudica las propias oportunidades. De ahí que en muchos alemanes se diera una discrepancia entre lo que respondían a los cuestionarios del gobierno militar y la verdad, de la que sus vecinos, que sí la conocen, cada vez eran más cómplices.

Pero ni siquiera fue la deshonestidad intencionada lo que hizo fracasar el programa de desnazificación. Por lo visto, muchos alemanes, en especial los de mayor formación, ya no estaban en condiciones de decir la verdad aunque lo desearan. Todos aquellos que se adhirieron al nazismo después de 1933 cedieron a alguna clase de presión que iba desde la amenaza brutal a la integridad física y la vida hasta los comentarios sobre la «irresistible corriente de la historia», pasando por diversas observaciones referentes a su carrera profesional. En los casos de presión física o económica hubiera sido posible ceder con una callada reserva, es decir, procurarse con cinismo total el carnet del partido, absolutamente necesario. Pero curiosamente parece que muy pocos alemanes fueron capaces de tal sano cinismo y lo que les dio problemas no fue el carnet de miembro sino la reserva interior, de modo que al final, para deshacerse así de un doble juego embarazoso, muchos acabaron dotando de la exigible convicción interior a su forzado ingreso.[2] Hoy día tienden bastante a acordarse sólo de la presión inicial, que sin duda existió realmente, pero de su posterior adhesión interna a las doctrinas de los nazis, que les había dictado la consciencia, extrajeron la conclusión, más o menos explícita, de que había sido su misma consciencia la que les había engañado, una experiencia que no contribuye precisamente al perfeccionamiento moral.

Sin duda, no era fácil soportar la presión de una vida cotidiana poseída completamente por las doctrinas y las prácticas de los nazis. La situación de un opositor al nazismo se parecía a la de una persona normal a la que por casualidad meten en un psiquiátrico donde todos los pacientes sufren la misma alucinación: en tales circunstancias es difícil fiarse de los propios sentidos. Permanentemente había que soportar la carga de comportarse según las reglas del entorno enfermo, pues al fin y al cabo era la única realidad tangible, en la que nadie podía permitirse perder jamás el sentido de la orientación. Tal situación exigía un conocimiento atento de la totalidad de la propia existencia, una atención que nunca podía caer en las reacciones automáticas cotidianas. El rechazo a tales automatismos se debía principalmente al miedo de no haberse adaptado convenientemente; aunque visto con objetividad una relación discordante con la sociedad nazi significaba normalidad espiritual, esta relación de tensión tampoco era más gravosa para el individuo que en una sociedad normal.

La profunda desorientación moral de la actual Alemania, surgida de la confusión entre verdad y realidad generada por los nazis ya no se puede definir con el concepto «inmoral» y sus causas son más profundas que la mera maldad. Cuando los denominados «buenos alemanes» se juzgan moralmente a sí mismos o a los demás, a menudo se equivocan, exactamente igual que aquellos que simplemente no quieren enterarse de que los alemanes hicieron algo malo o algo excepcional. Muchos alemanes que insisten incluso con especial energía en la culpa de Alemania, ya sea general o propia, se sienten extrañamente desorientados cuando tienen que articular su propia opinión; estas personas hacen una montaña de un grano de arena y al mismo tiempo lo realmente monstruoso escapa a su atención. Una variante de esta desorientación es que, siendo objetivos, los alemanes que confiesan su propia culpa son en muchos casos completamente inocentes, mientras que los que en realidad tendrían que culparse de algo tienen, en cambio, la conciencia más tranquila del mundo. El diario de guerra de Knut Hansum, publicado recientemente, ha tenido una gran y entusiasta acogida en Alemania, y es un testimonio del más alto nivel de esta terrible inocencia que se transforma en manía persecutoria cuando se enfrenta al juicio de un mundo moralmente intacto.

Los diarios de guerra de Ernst Jünger suministran quizá la prueba mejor y más honesta de las tremendas dificultades a las que se expone el individuo cuando desea mantener firmes ante sí mismo sus valores morales y su concepto de la verdad en un mundo en que la verdad y la moral han perdido toda expresión reconocible. A pesar de la influencia innegable que algunas de sus obras anteriores ejercieron sobre determinados miembros de la intelectualidad nazi, Jünger fue desde el primer al último día un adversario de los nazis, probando que el concepto de honor algo anticuado que había sido corriente entre los oficiales prusianos era suficiente para la resistencia individual. Pero incluso esta indudable integridad suena hueca; es como si la moralidad se hubiese desactivado y se hubiera convertido en un hoyo al que la persona que tiene que vivir, funcionar y sobrevivir a lo largo de todo el día se retira sólo por las noches y en las horas de soledad. El día se convierte en la pesadilla de la noche y viceversa. El juicio moral, que se reserva para la noche, es la pesadilla del miedo a ser descubierto de día, y la vida diurna es la pesadilla del terror a traicionar la conciencia intacta que sólo se despierta en las horas nocturnas.

A la vista de la muy complicada situación moral en que se encontraba el país al final de la guerra, no es sorprendente que el error más grave de la política de desnazificación americana ya se produjera al principio, es decir al intentar sacudir la conciencia del pueblo alemán haciéndole contemplar la monstruosidad de los crímenes cometidos en su nombre y en medio de una complicidad organizada. En los primeros días de la ocupación se veían por todas partes carteles con fotografías de las atrocidades de Buchenwald, un índice señalando al observador y el texto siguiente: «Tú eres culpable». Para una mayoría de la población estas imágenes eran verdaderamente la primera noticia de los hechos que habían ocurrido en su nombre. ¿Cómo podían sentirse culpables si ni siquiera lo habían sabido? Todo lo que veían era el índice extendido que señalaba claramente a la persona equivocada, un error del que concluían que todo el cartel era una mentira propagandística.

Eso al menos es lo que se sigue oyendo en Alemania. La historia habla verdaderamente por sí misma pero no explica todavía la reacción tan airada a estos carteles, reacción que incluso hoy no ha enmudecido, así como tampoco da ninguna explicación sobre la manera hiriente en que se ignora el contenido de las fotografías. Tanto la reacción airada como la falta de consideración a los hechos fotografiados son más bien efecto de la oculta verdad del cartel que del error evidente, pues aunque el pueblo alemán no estaba informado de todos los crímenes nazis e ignoraba incluso su exacta naturaleza, los nazis se encargaron de que cada alemán conociera alguna historia terrible para de esta manera, sin tener que reconocer exactamente todos los crímenes perpetrados en su nombre, comprendiera que lo habían convertido en cómplice de una atrocidad indecible.

Todo el conjunto es una tragedia que no es menos triste por el hecho de saber que los aliados no tuvieron otra elección vistas las circunstancias. La única alternativa pensable al programa de desnazificación hubiera sido una revolución, el estallido de una ira espontánea del pueblo alemán contra todos aquellos conocidos representantes prominentes del régimen nazi. Por muy incontrolado y sangriento que hubiera sido un levantamiento, seguro que hubiera aplicado reglas más justas que un proceso árido. Pero la revolución no se planteó, no porque hubiera sido difícil organizarla bajo los ojos de cuatro ejércitos. La causa fue que no se hubiera necesitado ni un solo soldado, alemán o aliado, para proteger de la cólera de la gente a los realmente culpables, pues dicha cólera hoy no existe en absoluto y evidentemente no ha existido nunca.

El programa de desnazificación no sólo era inadecuado respecto a la situación política y moral de postguerra sino que enseguida entró en conflicto con los planes americanos de reconstrucción y reeducación de Alemania. Reconstruir Alemania sobre las bases de una economía de libre mercado parecía una medida muy plausible, ya que durante el nazismo había habido una economía planificada (aunque las relaciones de propiedad en el país no se hubieran modificado, o no todavía). Pero, como clase, los amos de las fábricas fueron buenos nazis o al menos defensores convencidos de un sistema que como compensación por limitar su poder de decisión privado les había ofrecido poner en manos alemanas todo el comercio y todos los sectores económicos de Europa. En este punto el comportamiento de los hombres de negocios alemanes no fue diferente al de los hombres de negocios de otros países en la época del imperialismo: el hombre de negocios de mentalidad imperialista no cree en la economía de libre mercado; al contrario, considera la intervención del Estado la única garantía de un rédito seguro de sus extendidas empresas. Es verdad, sin embargo, que los hombres de negocios alemanes, a diferencia de los imperialistas de la vieja escuela no controlaron al Estado sino que fueron utilizados por el partido para los intereses del partido. Pero esta diferencia, por muy decisiva que hubiera podido ser a la larga, no se había manifestado en todo su alcance.

A cambio de la garantizada expansión del Estado el empresariado alemán cedió voluntariamente alguna de sus posiciones de poder más evidentes, entre ellas, sobre todo, la que tenía frente a la clase trabajadora. El control económico sistemático y la mayor protección de los intereses de los trabajadores fueron los más importantes polos de atracción del régimen nazi tanto a ojos de la clase obrera como de la clase media-alta. Pero tampoco en este sentido las cosas evolucionaron completamente pues la esclavitud practicada por el Estado, o más bien por el partido, tal como la conocemos de Rusia, no llegó a ser ningún peligro para los trabajadores alemanes (pero sí, naturalmente, la máxima amenaza para las clases trabajadoras de todos los demás países europeos durante la guerra). El resultado es que la economía planificada en Alemania –sin resonancias comunistas– ha quedado en el recuerdo como la única protección contra el desempleo y la sobreexplotación.

La reintroducción de una auténtica economía de libre mercado significaba la cesión de las fábricas y del poder de decisión a aquellos que, por lo que respecta a los objetivos prácticos de los nazis, habían sido buenos seguidores del régimen, aunque estuvieran un poco equivocados en cuanto a las últimas consecuencias del nazismo. Si bien no habían tenido demasiado poder real bajo los nazis sí disfrutaron de todas las ventajas de su posición, tanto si eran miembros del partido como si no lo eran. Desde el final de la guerra han recobrado junto con el poder casi ilimitado sobre la vida económica también su antiguo poder sobre la clase trabajadora, o sea, sobre la única clase en Alemania que, si bien es verdad que había saludado el intervencionismo estatal como medida de seguridad contra el desempleo, nunca había sido completamente nazi. En otros términos, en el momento en que la desnazificación fue la clave de la política aliada en Alemania, se devolvió el poder a personas cuya simpatía por los nazis era evidente, quitándoselo a aquellos cuya falta de fiabilidad en el sentido nazi era el único hecho más o menos cierto en una situación por lo demás inestable.

Para colmo de males, el poder que se devolvió a los industriales quedó libre incluso de los débiles controles que existían en la república de Weimar. Los sindicatos, eliminados por los nazis, no han recuperado su antigua posición, en parte porque les faltan especialistas y en parte porque son sospechosos de convicciones anticapitalistas. Los esfuerzos de los sindicatos por recobrar su antigua influencia sobre los trabajadores han fracasado miserablemente y la consecuencia es que también han perdido la escasa autoconfianza que pudiera haberles quedado del recuerdo de tiempos pasados.

Puertas afuera puede parecer ridículo lo encarnizadamente que los socialistas atacan el plan Schuman.[3] Pero dicho ataque puede entenderse perfectamente (aunque apenas disculparse) si se tiene en cuenta que en las circunstancias actuales una unión de la industria del Rin y el Ruhr con la industria francesa podría significar un ataque aún más dirigido y masivo contra el nivel de vida de los trabajadores. Ya el solo hecho de que el gobierno de Bonn, al que a menudo se considera una mera fachada de los intereses de los industriales, apoye tan enérgicamente el plan sería motivo suficiente para desconfiar. Pues, desafortunadamente, la clase media-alta de Alemania no ha aprendido, pero tampoco olvidado, nada del pasado. A pesar de la profusión de experiencias en sentido contrario siguen creyendo que un gran «ejército de reserva», esto es, una considerable tasa de desempleo, es señal de economía sana y se alegran cuando los salarios pueden mantenerse bajos de esta manera.

La tensa situación económica se agrava considerablemente a causa del problema de los refugiados, el mayor problema económico y social de la actualidad en Alemania. Mientras estas personas no vuelvan a establecerse representan un serio peligro político, sobre todo porque se les ha obligado a venir en un momento de vacío político. Los expulsados tienen en común con los nazis convencidos que sigue habiendo en Alemania –relativamente pocos y antiguos miembros de las SS casi sin excepción– un programa político claramente perfilado que les permite confiar en una cierta solidaridad grupal (se trata de dos elementos que evidentemente no existen en las demás capas de la sociedad). Su programa se llama reconstrucción de una Alemania poderosa que les permita regresar a su anterior patria en el este y vengarse de aquellos grupos de población que les expulsaron. En el interín se dedican a odiar y despreciar a la población alemana local, que no les ha recibido precisamente con sentimientos fraternos.

A diferencia de lo que ocurre con los residuos del movimiento nazi, el problema de los refugiados podría solucionarse con medidas económicas enérgicas e inteligentes. A falta de ellas, la culpa de que los refugiados se hayan visto en una situación en que prácticamente no tenían otra elección que fundar un partido propio la tiene en una parte considerable el gobierno actual y en particular la consigna de la economía de libre mercado tal como los alemanes la entienden o malentienden. Los recursos públicos van a parar a las grandes empresas en forma de créditos y se ha descuidado casi completamente el fomento de empresas pequeñas (muchos de los refugiados son obreros especializados y artesanos), sobre todo en forma de cooperativas. La cuantía del importe destinado a los refugiados varía según el *land*, pero los fondos de auxilio son tanto en cifras absolutas como en relación al presupuesto federal casi siempre descorazonadoramente inadecuados. La propuesta formulada hace poco por el gobierno de Bonn para rebajar los impuestos a las empresas –una muestra clara de la política económica del gobierno– ha provocado una reducción aún mucho más sensible de los recursos destinados a los refugiados. El hecho de que las autoridades de las fuerzas de ocupación vetaran esta medida permite tener alguna esperanza de que las autoridades americanas empiecen a entender que en Alemania y en toda Europa hay que ver la economía de libre mercado en un contexto diferente al de Estados Unidos.

Uno de los obstáculos más grandes de la política norteamericana en Europa es el hecho de que no se entiende bien dicha diferencia. Los partidarios europeos de una economía de libre mercado apenas aceptarían el sistema americano, en que el poder de los *managements* industriales está fuertemente contrapesado por el poder de los trabajadores organizados. En Europa los sindicatos nunca han sido un poder dominante, ni siquiera en sus mejores días, y siempre han llevado la incierta existencia de una fuerza ligeramente rebelde que operaba con éxito variable en una guerra de resistencia contra los patronos. En Estados Unidos, además, trabajadores y empresarios comparten una cierta aversión a la intervención estatal. A veces, la mera amenaza de mediación por parte del Estado retorna a las partes en litigio a las negociaciones bilaterales. En Alemania los asalariados y los patronos sólo tienen una idea en la cabeza: que el Estado deposite todo su poder en el platillo de la balanza de sus intereses. Ninguna burguesía europea tiene, exceptuando quizá la de los países escandinavos, la madurez política de la norteamericana para la que un cierto grado de responsabilidad, esto es, de moderación en la persecución de los propios intereses es algo casi obvio. Además, puesto que Estados Unidos sigue siendo el país de la sobreabundancia y las múltiples oportunidades, todavía tiene sentido hablar de la propia iniciativa, a lo que hay que añadir que las dimensiones de la economía norteamericana harían fracasar cualquier planificación global. Pero en los países de Europa, cuyos territorios continuamente se reducen en relación a su capacidad industrial, la mayoría de la gente está firmemente convencida de que incluso el nivel de vida actual sólo puede garantizarse con la presencia de una cierta planificación que asegure a todos una participación justa en los ingresos nacionales.

Tras la cháchara desenvuelta e infundada del «imperialismo» norteamericano en Europa se vislumbra el temor, ya no tan infundado, de que introducir el sistema económico norteamericano en Europa, o más bien, mantener el *statu quo* económico gracias a los americanos, sólo puede acabar en un lamentable descenso del nivel de vida de las masas. La estabilidad social y política de los países escandinavos se basa en parte en la fortaleza de los sindicatos, en parte en el papel de las cooperativas en la vida económica y, no menos importante, en las intervenciones estatales, decididas con prudencia. Estos factores al menos señalan en general en qué dirección podría buscarse la solución de los problemas económicos y sociales de Europa, siempre que no se interpusieran problemas políticos sin resolver y la situación mundial general dejara el tiempo suficiente para ello. En cualquier caso, en Alemania la economía de libre mercado ha conducido rápidamente a prácticas usureras, a la monopolización y a la formación de *trusts*, a pesar de todos los esfuerzos de las autoridades americanas para impedirlo.

Desde un punto de vista político, el aspecto más serio de la situación no es el creciente descontento de la clase trabajadora, como quizá hubiera podido esperarse. La historia trágica de los partidos socialistas europeos parece haber matado la vitalidad de estas organizaciones; nunca la clase trabajadora alemana ha estado de menor humor revolucionario que ahora. Es verdad que hay una cierta resignación amarga ante un sistema que se les ha «vendido» con la marca Democracia, pero este rencor apenas ha originado ningún enfado. Al contrario, es casi una garantía de la indiferencia general con que se acepta a cualquier gobierno, bueno o malo. Una vertiente completamente diferente y realmente peligrosa de esta situación es que como consecuencia de la gran desesperanza, la inseguridad y el empobrecimiento crecientes de los trabajadores, se renueve y alimente notablemente el viejo miedo de la «proletarización».

Este temor hace presa sobre todo en la clase media, que a causa de la reforma monetaria ha vuelto a perder su dinero, mientras que la fortuna de los industriales ha quedado asegurada mediante bienes reales. La situación financiera de los alemanes de clase media no se diferencia en nada de la situación de una familia trabajadora normal, sobre todo si perdieron sus bienes en un bombardeo o son refugiados. Pero compartir la suerte de los obreros durante toda una vida es efectivamente una oscura perspectiva.

Queriendo evitarla, los jóvenes intentan desesperados juntar penosamente unos cuantos marcos para poder ir a una de las muchas universidades, totalmente saturadas. Esta es la única oportunidad de mantener su posición de clase media y escapar a la miseria de una existencia proletaria. En Alemania se oye decir por todas partes que en pocos años habrá tantos abogados, físicos, maestros, historiadores del arte, filósofos y teólogos que podrán formar una cola tan larga como toda la red de autopistas. Y la mayoría de estos académicos probables parados obtendrá su título al precio de tremendos sacrificios. Muchos estudiantes viven con 60 o 70 marcos al mes, lo que significa una desnutrición crónica y renunciar completamente incluso a los placeres más modestos, como un vaso de vino o una visita al cine. Dado que las exigencias académicas apenas son menores que antes, la entrega frenética con que estos jóvenes se dedican a su carrera universitaria, quizá iniciada por motivos nada intelectuales, sólo se ve interrumpida por períodos regulares de un trabajo físicamente duro que les permite ganar algún dinero suplementario.

Nadie en Alemania parece dudar de que este tremendo sacrificio de los estudiantes sólo puede acabar en una grave decepción, pero nadie parece dedicar ni una sola idea realmente seria a este problema. La única solución sería cerrar un buen número de universidades alemanas, acción que podría unirse a una implacable criba de los bachilleres y quizá incluso a la introducción del sistema francés de las pruebas selectivas (por lo demás dudoso). Consecuencia de todo ello sería que el número de candidatos admitidos se ajustaría por adelantado al número de las plazas disponibles. Pero en vez de considerar esta o similares propuestas, el gobierno bávaro ha puesto en marcha recientemente una nueva universidad (la cuarta), y las autoridades de las fuerzas de ocupación francesas se han apresurado a la imprudencia de fundar una flamante universidad en Mainz para elevar el nivel de la cultura alemana (lo que significa que 6000 estudiantes aún empeorarán más la situación de la vivienda, ya totalmente grave en una ciudad destruida casi por completo). De hecho, en las condiciones actuales sólo la valentía de la desesperación permitiría tomar medidas para vaciar las universidades, pero eso sería como robar a un ser desesperado su última oportunidad, aunque sólo sea la de un jugador de azar. Cada cual puede hacer sus conjeturas sobre cómo evolucionará la situación política cuando se suelte a una clase entera de intelectuales frustrados y hambrientos en medio de una población indiferente y disgustada.

Incluso aquellos observadores de la política aliada en Alemania que siguieron con reservas la desnazificación y vieron que el sistema de la economía de libre mercado sólo llevaría a la revalorización de elementos políticamente indeseables, depositaron notables esperanzas en el programa de federación, que debía dividir Alemania en *länder* federados y dotados de unas considerables competencias en sus respectivas administraciones locales. Tal medida parecía ser indiscutiblemente acertada en muchos aspectos: evitaría la acumulación de poder, con lo que se apaciguaría el comprensible, aunque exagerado, miedo de los vecinos de Alemania; prepararía al pueblo alemán para la esperada federación de Europa; enseñaría democracia básica en el ámbito de los asuntos comunales y locales, es decir, allí donde la gente expresa sus intereses inmediatos y conoce el terreno; y finalmente se podría contrarrestar la megalomanía nazi, que había llevado a los alemanes a pensar en continentes y a planificar a siglos vista.

Pero que los gobiernos de los *länder* han fracasado es ya casi manifiesto. Se trata de un paso en falso en el único territorio político en el que se dejó solos a los alemanes casi desde el principio de la ocupación, y en el que el éxito o el fracaso no dependían de la posición de Alemania en la arena internacional. Hasta cierto punto se puede responsabilizar de este fracaso al clima general reinante en Alemania, marcado por la desnazificación y las consecuencias sociales de una política económica desconsiderada, pero esta explicación sólo suena convincente si se ignora a propósito la amplia libertad que se concedió a los alemanes a través de los gobiernos de los *länder*. La verdad parece ser, por lo tanto, que el centralismo, creado por los Estados nacionales e introducido en Alemania no por Hitler sino por Bismarck, destruyó eficazmente toda exigencia auténtica de autonomía local y extinguió la vitalidad política de todos los órganos provinciales o municipales. Lo que haya podido quedar de estas tradiciones tiene un carácter desesperanzado y reaccionario, y se aletarga en un folclore barato. Las administraciones comunales han desencadenado los conflictos locales más graves y han generado el caos por todas partes, sobre todo porque no hay ningún poder que sea lo bastante grande para poner en jaque a las partes en conflicto. Puesto que es evidente que la responsabilidad pública e incluso la del propio interés nacional son inexistentes, la política local tiende fácilmente a degenerar en la forma más primitiva y manifiesta de corrupción. El pasado dudosamente político de aquellos que tienen experiencia (a los «inexpertos», mientras tanto, se les ha alejado sin demasiada consideración) y los bajos sueldos del servicio público preparan el camino a toda clase de mala gestión: muchos funcionarios son fáciles de extorsionar y todavía a muchos más les resulta difícil resistirse a mejorar su sueldo mediante sobornos.

El gobierno de Bonn apenas mantiene relación directa con los gobiernos de los *länder*: o bien estos lo controlan a él o bien es él quien ejerce alguna clase de control sobre ellos. Los únicos vínculos que funcionan entre Bonn y los gobiernos de los *länder* son los aparatos de los partidos, que desempeñan el papel determinante en todos los temas de personal y administración, y cuya organización, contrastando vivamente con la división en «pequeños Estados» del país, es tan centralista como nunca, lo que explica que constituyan hoy el único poder visible.

Esta es, ciertamente, una circunstancia peligrosa pero no necesariamente lo peor que hubiera podido pasar. El auténtico problema es el de la naturaleza misma de los aparatos de los partidos. Los partidos actuales son prolongaciones de los de la época de Hitler, es decir, de aquellos partidos que a Hitler le resultó tan asombrosamente fácil destruir. Están dirigidos en muchos casos por la misma gente y los vuelven a dominar las viejas ideologías y tácticas, si bien sólo las tácticas han conservado algún tipo de vitalidad; a las ideologías se las arrastra simplemente por tradición, y porque un partido alemán no es capaz de arreglárselas sin una visión del mundo. Ni siquiera puede decirse que las ideologías hayan sobrevivido porque no había nada mejor; más bien resulta que, después de sus experiencias con la ideología nazi, los alemanes han llegado a la convicción de que cualquier ideología vale lo mismo. Los aparatos de los partidos se dedican sobre todo a procurar empleo y ventajas a sus miembros, cosa que están en poder de hacer, lo que significa que tienden a atraer a los elementos más oportunistas de la población. Lejos de alentar cualquier tipo de iniciativa, temen a la gente joven que tiene nuevas ideas. En resumen, han renacido ya seniles. Por consiguiente, lo poco que hay de políticamente interesante y de debate político tiene lugar al margen de los partidos y de las instituciones públicas. Debido al vacío político en que se encuentran y a la corrupción general de la vida pública que les rodea, cada uno de estos pequeños grupos podría ser el núcleo de un nuevo movimiento, pues los partidos no sólo han fracasado en ganarse el apoyo de la intelectualidad alemana sino también al convencer a las masas de que no representan sus intereses.

La sombría historia alemana de postguerra no es una historia de oportunidades perdidas. En nuestro afán de localizar un culpable determinado y unos errores determinables fácilmente omitimos la conclusión más fundamental que hubiéramos podido extraer de esta historia. Al fin y al cabo aún queda la doble pregunta: ¿qué se podía esperar de un pueblo después de 12 años de poder totalitario? ¿Qué se podía esperar de unas fuerzas de ocupación que se vieron enfrentadas a la imposible tarea de enderezar a un pueblo que había perdido pie?

En todo caso sería bueno conservar en la memoria e intentar comprender la ocupación de Alemania, pues es una experiencia que en lo que nos queda de vida es más que probable que veamos repetir a escala gigantesca. Por desgracia no se libera por completo a un pueblo del totalitarismo simplemente con la «destrucción de la red de comunicaciones y de las instancias centrales de control, destrucción que hubiera puesto al valiente pueblo ruso mismo en condiciones de liberarse de una tiranía que es mucho peor que la de los zares», como dijo Churchill recientemente en su discurso ante la asamblea del Consejo de Europa. El ejemplo alemán demuestra que no es probable que la ayuda exterior libere energías interiores de autodefensa, y que el poder totalitario es más que simplemente la peor forma de tiranía. El totalitarismo envenena a la sociedad hasta la médula.

Desde un punto de vista político las circunstancias alemanas actuales son más un desfile de las consecuencias del totalitarismo que una manifestación del denominado problema alemán en sí. Este problema sólo puede resolverse, como todos los demás problemas europeos, en una Europa federal, pero esta es una solución que parece ser escasamente importante teniendo en cuenta las crisis que se presentarán en los próximos años. Es inverosímil que Alemania, por renovada que pueda parecer, desempeñe un gran papel en este sentido. Y saber lo inútiles que son todas sus iniciativas políticas en los conflictos actuales no contribuye precisamente a debilitar la aversión de los alemanes a enfrentarse con la realidad de su país destruido.

Europa y América

Sueño y pesadilla

Sentimientos antiamericanos de camino hacia un nuevo -ismo europeo

¿Qué imagen tiene Europa de América? Sea la que sea, expresa la posición de cada nación en un doble sentido: por un lado refleja las circunstancias concretas de este país, por otro, contiene una valoración del papel que representa Estados Unidos en la política internacional. La fidelidad al original de tales imágenes es siempre discutible; no pueden ni deben satisfacer los criterios de la objetividad fotográfica o de los reportajes periodísticos. La imagen que actualmente se tiene en el extranjero de Norteamérica no es ninguna excepción a dicha regla y no está ni más ni menos distorsionada que la imagen que las naciones se han hecho las unas de las otras y de sus relaciones mutuas en el transcurso de su historia. Si no se tratara de nada más que de malentendidos, falsas interpretaciones y estallidos de resentimiento y aversión ocasionalmente violentos, este asunto tendría un interés en todo caso histórico, es decir, limitado.

Pero hay algunos aspectos en los que la imagen de Norteamérica que existe en el extranjero no cumple la regla general. La primera y quizá más importante excepción es que la imagen de Norteamérica de los europeos, a diferencia de la que tienen de otros continentes, no se puede considerar un mero reflejo e interpretación de circunstancias reales, pues no sólo es anterior al nacimiento de los Estados Unidos sino que, cronológicamente, se remonta a la colonización e incluso hasta cierto punto al descubrimiento del continente americano.

Sin una imagen de Norteamérica ningún colono europeo hubiera atravesado el océano. Fueron los sueños y los objetivos que los colonos tenían en la cabeza los que en definitiva provocaron que una parte de la humanidad europea se asentara a este lado del Atlántico; y las dos cosas, la imagen previa de los europeos y las ideas preconcebidas, dieron alas a la colonización del país e inspiraron la creación de las instituciones políticas. Esta imagen de Norteamérica era la imagen de un nuevo mundo (ningún otro de los muchos países descubiertos a principios de la modernidad recibió un nombre semejante). A este nuevo mundo se unían en la imaginación un nuevo ideal de igualdad y un nuevo concepto de libertad, ambos, como dijo Tocqueville, «exportados» de Europa y sólo comprensibles totalmente en el contexto de la historia europea. Pero esta imagen sólo se hizo realidad política en los Estados Unidos al instaurar la república americana. Sin embargo, también esta realización fue en parte importada de Europa, ya que los fundadores de la república buscaron consejo en Locke y Montesquieu, quienes habían sentado los principios legales y políticos de la fundación de un nuevo cuerpo político con más claridad y detalle que Rousseau y los ideólogos franceses (cuya influencia fue mayor en la historia de las revoluciones europeas).

Por medio de la revolución americana la imagen europea de Norteamérica se convirtió en realidad. Nació un nuevo mundo porque surgió un nuevo cuerpo político. Pero el mismo acto significó que a partir de ese momento Europa y Estados Unidos (esto es, la parte del nuevo continente que efectivamente se convirtió en un nuevo mundo) empezaron a seguir caminos separados. Fuera cual fuera la imagen que Europa tenía de Norteamérica, ya no podía volver a ser nunca más el modelo o la directriz de nada que se hiciera o sucediera en Estados Unidos.

Desde que esta parte de la humanidad europea dejó de ser una colonia, desde que redactó su constitución y se declaró una república independiente, Norteamérica ha sido tanto el sueño como la pesadilla de Europa. Hasta el último tercio del siglo XIX el sueño se llamó liberarse de la necesidad y la opresión, y a él pertenecía la afirmación de que el hombre era amo de su destino y poseía la fuerza de sacudirse el lastre de un pasado que, debido a la autoridad de las instituciones políticas y la tradición de las tutelas espirituales, evitaba al parecer el pleno despliegue de las nuevas fuerzas de los siglos XVI y XVII. Al mismo tiempo este sueño era una pesadilla para los que temían la evolución moderna, de manera que el hecho de que un autor viera en América un sueño o una pesadilla no dependía de entrada de sus experiencias concretas en este país sino de sus opiniones políticas tal como las expresaba, más o menos, al pronunciarse sobre los conflictos y discusiones de su patria.

Así, América y Europa siguieron caminos separados. Pero la imagen de América que se traslucía de los informes de viajes y novelas, de poemas y manuales políticos nunca era tan extraña o exótica como, por ejemplo, la de África o Asia o las islas de los mares del sur. La imagen que se tenía, a veces exagerada y distorsionada de una manera fantástica, era la de una realidad en que los rasgos característicos más novedosos de la civilización europea se habían desarrollado con una pureza casi genuina.

Naturalmente, esta postura respecto a Norteamérica era en primer lugar la de Tocqueville mismo, cosa que ya indica claramente el título de su libro *La democracia en América*. Todo el libro da testimonio de que el interés del autor por el funcionamiento de la democracia, en la que veía una posibilidad o incluso una necesidad para Europa, era mayor que su interés por describir un país extranjero. Vino a Norteamérica para aprender la verdadera lección de la Revolución Francesa, para averiguar qué sucedía con la gente y con la sociedad en unas condiciones de igualdad que nunca habían existido antes. A sus ojos, Estados Unidos era un laboratorio espacioso y admirablemente provisto en el que se ponían a prueba las consecuencias más novedosas de la historia europea. Para él era un hecho cierto que Europa, si no todo el mundo, estaba a punto de americanizarse, pero nunca se le hubiera ocurrido que este proceso podría contraponerse de alguna manera a la evolución europea, como si Norteamérica y Europa tuvieran orígenes y destinos históricos diferentes.

Tocqueville no veía a los norteamericanos como un pueblo joven ante el que los europeos o bien podrían esgrimir el orgullo del origen y la civilización o bien tendrían que sentirse en cierto modo inferiores en vitalidad. Los americanos, decía, «son un pueblo muy antiguo y muy ilustrado que pisa una tierra nueva e ilimitada». Si los norteamericanos le hubieran dicho, cosa que probablemente hicieron, que «la nación americana, con el aspecto que hoy tiene, ha salido hace relativamente poco de los valles vírgenes, mientras que hay civilizaciones grandiosas y sedimentadas que ya [...] existen desde centurias» (como decía Robert Turnbull a principios de año en el *New York Times Magazine*) quizá hubiera replicado que probablemente había que encontrar el origen de esta ilusión de juventud más en las ideas del siglo XVIII sobre el «buen salvaje» y el efecto purificador de la naturaleza incivilizada que en las experiencias reales de los pioneros y colonizadores. O, dicho de otro modo, sólo porque la nueva concepción occidental de la historia aplicó la metáfora de la vida biológica del individuo a la existencia de las naciones pudieron tanto los europeos como los norteamericanos entregarse a la fantasiosa ilusión de una segunda juventud en una nueva tierra.

Como quiera que sea, Tocqueville fue a Norteamérica y «allí buscó una imagen de la democracia misma, de sus aspiraciones, de su esencia, de sus prejuicios, de sus pasiones; quería conocerla aunque sólo fuera para saber lo que hay que esperar o temer de ella».[1] Políticamente el principio de igualdad, lejos de tener sus raíces en el nuevo continente, fue el resultado más significativo y notable de todos los grandes acontecimientos «de los últimos siete siglos» de historia europea. Desde la perspectiva de la Europa moderna y de la evolución de la era moderna, los Estados Unidos eran un país más antiguo y experto que Europa. Tocqueville estaba tan convencido de que Norteamérica era el producto del desarrollo europeo que incluso un fenómeno tan estrictamente interamericano como la expansión hacia el oeste le pareció una corriente que manó «en el interior de Europa, ... [atravesó] el océano y ... desde allí [se extendió] por los remotos territorios del Nuevo Mundo».[2]

La opinión de Tocqueville puede ser discutible en los detalles y seguro que necesita correcciones, pero en general ha sido confirmada por la realidad histórica. La república americana debe su origen a la gran aventura europea de una humanidad que por primera vez desde las cruzadas y en el zenit del Estado nacional europeo puso en marcha una empresa común cuyo espíritu fue finalmente más fuerte que todas las diferencias nacionales.

Tocqueville es el más insigne pero no el único autor del siglo pasado que vio el nuevo mundo como el resultado de una historia antigua y de una antigua civilización. Llama la atención que este punto de vista sea completamente inexistente en la actual imagen que los europeos tienen de Norteamérica. Todas las demás interpretaciones de escritores del siglo XIX, con sus aciertos y errores, sueños y pesadillas han sobrevivido más o menos, aunque sea reducidas a clisés cuya trivialidad hace casi imposible tomarse realmente en serio la creciente bibliografía sobre el tema. Pero la opinión general hoy en día es que Europa no tiene con Estados Unidos una relación más estrecha que con cualquier otro país, incluso a menudo considerablemente menos estrecha que la que tiene con Rusia o incluso con algún país asiático que, según la opinión de una parte considerable de los europeos (y no me refiero de ninguna manera a los comunistas o simpatizantes), actualmente se han europeizado por influencia del marxismo.

Hay muchos motivos para este alejamiento de los últimos tiempos. Uno es el aislamiento de Norteamérica, que, antes de convertirse en un eslogan político, ya era una realidad política desde hacía más de un siglo. En este sentido la imagen de Norteamérica como una tierra lejana que no tiene nada que ver con la evolución de la propia Europa tiene su origen en Norteamérica. Sin embargo, todavía hay una razón mucho más tajante que contribuye notablemente a aclarar por qué se afirma tan a menudo en Europa que existe una mayor afinidad con naciones no europeas que con Norteamérica: la enorme riqueza de Estados Unidos.

Es verdad que Norteamérica ha sido casi desde el principio de su historia la «tierra de la sobreabundancia» y que el relativo bienestar de sus habitantes impresionó profundamente ya a los primeros viajeros. El elevado nivel de vida general (que no se vio perjudicado por la formación de fortunas gigantescas ni impidió a su vez que estas se formaran) encontró una temprana atención, y se vio, con razón, una conexión entre él y los principios políticos de la democracia, emparejados con el axioma económico de que nada debería ser tan caro como la prestación de servicios personales ni nada tan lucrativo como la fuerza de trabajo humano. También es verdad que siempre ha existido la sensación de que la diferencia entre los dos continentes es más grande que las diferencias entre naciones de la misma Europa, si bien las cifras concretas nunca lo han confirmado. Pero en algún momento (seguramente después de que Norteamérica saliera de su largo aislamiento y volviera a situarse en el punto central de Europa tras la Primera Guerra Mundial) cambió el significado de esta diferencia, haciéndose más cualitativa que cuantitativa. Ya no se trataba de si las condiciones eran mejores sino de que eran completamente diferentes y de características que hacía casi imposible un entendimiento. Como una muralla china invisible pero muy real, el bienestar y la riqueza de los Estados Unidos los separan del resto de países del globo, exactamente igual que separa a los turistas norteamericanos de los habitantes de los países que visitan.

Por propia experiencia sabemos todos que la igualdad forma parte de la amistad. Aunque la amistad puede allanar las desigualdades naturales o económicas hay una frontera más allá de la cual tal nivelación es completamente imposible. Diciéndolo con las palabras de Aristóteles: nunca puede haber amistad entre un hombre y un dios. Lo mismo es aplicable a la relación entre naciones, donde el efecto nivelador de la amistad es inoperante. Sin duda, no es necesario que las condiciones sean idénticas, pero sí en alguna medida iguales para que las naciones tengan un trato lleno de comprensión y de franqueza. El problema de la riqueza norteamericana es que ésta sobrepasó en algún momento el punto a partir del cual los otros pueblos o, mejor dicho, los pueblos de los países natales de muchos ciudadanos norteamericanos por lo visto ya no son capaces de comprender y que incluso pone en peligro las amistades personales, prolongadas allende el océano.

Quien crea que esta situación podría corregirse fácilmente con planes Marshall y programas-de-cuatro-puntos, se equivoca, me temo. En la medida en que la ayuda material se debe a una generosidad auténtica y un sentimiento de responsabilidad que van más allá de los obvios intereses políticos y económicos y las exigencias de la política exterior norteamericana, no inspira más que la muy dudosa gratitud que el benefactor espera del objeto de su beneficencia (y que generalmente no se da).

La desconfianza ante las intenciones norteamericanas, el temor de verse envueltos en acciones políticas no deseadas, la sospecha de que oscuras motivaciones estén en juego si la ayuda se concede sin exigencias políticas, todo esto es bastante natural y no requiere propaganda alguna para hacer acto de presencia. Pero aún hay más. También en este caso, como en todo acto de beneficencia, la prerrogativa de actuar y la soberanía de la decisión quedan del lado del benefactor y sólo por eso, citando nuevamente a Aristóteles, el benefactor debería amar más al beneficiario que éste a aquél. Mientras los beneficiarios tienen que soportar algo pasivamente, el benefactor ha hecho algo; ha hecho, por así decir, su trabajo.

A estos problemas reales de las relaciones internacionales de Norteamérica la propaganda comunista añade, por un lado la acusación, evidentemente falsa, de que Estados Unidos se ha enriquecido gracias a la explotación imperialista y, por otro lado la fantasía todavía más evidente de una economía sacudida por luchas de clases en que las masas trabajan duramente en medio de la miseria. La realidad muestra fácilmente que se trata de mentiras, que no vivirán tanto como el intento, reciente y más peligroso, de traducir la contraposición marxista entre capitalistas y proletariado a conceptos de política exterior. Según esta interpretación los países del mundo se dividen en los que poseen y los desposeídos, siendo Estados Unidos el único que conforma la primera categoría. Desafortunadamente, esta imagen de Norteamérica puede apoyarse sobre algunos hechos y actualmente hay ciertas posturas e ideologías «americanistas» en Estados Unidos que la fortalecen de una manera peligrosa. Me temo que estas actitudes son muy corrientes y expresan una forma de pensar mucho más extendida que, por ejemplo, el tradicional aislacionismo o el eco del movimiento «America-first», que era limitado. El reverso de esta medalla en el extranjero, el antiamericanismo, es mucho más peligroso que todas las parrafadas antiimperialistas y anticapitalistas de la propaganda comunista porque tiene su contrapartida en un creciente «americanismo» en este país.

La cuestión del bienestar y la riqueza de los Estados Unidos no es ninguna futilidad, pues desde un punto de vista internacional, se trata probablemente de uno de los problemas de más peso a largo plazo de esta nación. Casi parece como si la evolución consecuente que ha seguido el principio de igualdad en un contexto de grandes riquezas naturales hubiera cambiado las condiciones de vida de la gente de tal manera que hoy los ciudadanos de los Estados Unidos parecen pertenecer a una species sui generis. Y la situación no mejora cuando el turista norteamericano medio presupone ingenuamente que un milagro parecido podría producirse también en otros países con sólo que sus habitantes fueran razonables y adoptaran las instituciones y el estilo de vida norteamericanos.

Quizá no pueda esperarse del norteamericano medio que comprenda que, aunque la igualdad de las condiciones de vida se impusiera por todo el mundo, en los países donde falta la riqueza natural del continente americano tomará otro curso y exigirá unas medidas diferentes. Más grave es que nuestra incapacidad de comprender las circunstancias de los demás se refleje en nuestra política exterior de los últimos tiempos. Una gran parte de las últimas desavenencias en las relaciones británico-americanas puede explicarse desde esta perspectiva. Es la vieja canción: nada es por lo visto tan difícil de comprender ni perjudica tan directamente una amistad como la diferencia radical en las condiciones externas de vida.

El destino de la gente rica siempre ha sido que se la adule y se la insulte según el momento y de seguir siendo impopular, independientemente de lo desprendida que sea. Que los norteamericanos en el extranjero sufran un poco de este antiquísimo trato no es ni sorprendente ni excesivamente inquietante. Otra cosa completamente distinta, sin embargo, es que en los últimos tiempos se ha producido una transformación en la estructura de clase tanto de aquellos europeos que simpatizan con Norteamérica como de los que no simpatizan con ella.

Durante siglos este país ha sido el sueño de las clases europeas más bajas y de los amantes de la libertad. Y al mismo tiempo una pesadilla para la burguesía rica, la aristocracia y un tipo determinado de intelectuales que veía en la igualdad más una amenaza a la cultura que una promesa de libertad. Las limitaciones a la inmigración posteriores a la Primera Guerra Mundial pusieron fin a las esperanzas de muchos miembros de las clases bajas de Europa de solucionar sus problemas emigrando a Norteamérica. Por primera vez Norteamérica se convirtió para ellos en un país burgués cuya riqueza era tan inalcanzable como la de su propia burguesía.

Esta situación se agudizó después de la Segunda Guerra Mundial, cuando por todas partes la política de los Estados Unidos fue sobre todo la de apoyar el restablecimiento o el mantenimiento del *statu quo* anterior para, acto seguido, adoptar una actitud hostil frente a Gran Bretaña, que con un gobierno laborista procedía a una transformación pacífica y, en conjunto, moderada y controlada de las relaciones sociales. Desde entonces Norteamérica da la impresión no sólo de ser más rica de lo que nadie podía figurarse en los sueños más desenfrenados sino también de estar decidida a apoyar los intereses de los ricos por todo el mundo. Seguro que no son tales la intención ni el resultado de la política norteamericana en el extranjero, al menos en Europa, donde todas las clases de la población se aprovecharon del plan Marshall y los funcionarios americanos abandonaron con frecuencia los cauces oficiales para paliar las injusticias sociales más aparatosas. No obstante, dicha impresión se tiene, lo que ha llevado a que hoy, en general, sea la gente que en Europa se denomina «reaccionaria» la que siente simpatía por Norteamérica, mientras que una pose antiamericana es la mejor manera de hacerse el liberal.

La propaganda comunista, naturalmente, ha explotado estos sentimientos antiamericanos (como todas las demás cuestiones escabrosas), pero verlos como el fruto de la propaganda significaría menospreciar groseramente sus raíces populares. En Europa esta posición está en camino de convertirse en un nuevo -ismo. El antiamericanismo es una amenaza, a pesar de que se trate de una negación demasiado vacía como para convertirse en el contenido de un movimiento europeo.

Si es verdad que en el comienzo de todo nacionalismo (no, naturalmente, en la cuna de cada nación) hay un enemigo común, real o construido, la actual imagen de América que tiene Europa podría marcar muy bien el comienzo de un nuevo pannacionalismo europeo. Nuestra esperanza de que una Europa federal y la extinción del actual sistema de Estados nacionales haga del nacionalismo una cosa del pasado puede que sea injustificadamente optimista. En los ámbitos populares –por lo tanto, no en los consejos de estadistas que se celebran en Estrasburgo–, el movimiento de una Europa unida ha evidenciado en los últimos tiempos algunos rasgos decididamente nacionalistas. La línea divisoria entre esta ideología antiamericana europea y los esfuerzos, sanos y necesarios, en pro de una unificación de Europa quedará borrada por el hecho de que los residuos del fascismo europeo se han incorporado al debate. Su presencia nos recuerda a todos que fue Hitler quien, después de los gestos inútiles de Briand ante la liga de las naciones, empezó a prometer que liquidaría el superado sistema de Estados nacionales y crearía una Europa unida. Los impulsos antiamericanos, muy difundidos e inarticulados, encuentran exactamente aquí su punto de cristalización. Dado que Europa ya no está dispuesta a ver en América el reflejo de su propia evolución futura y de lo que puede esperar o temer de ésta, existe aquí la tendencia a contemplar la constitución de un gobierno europeo como un acto de emancipación respecto a Norteamérica.

El americanismo a un lado del Atlántico y el europeísmo en el otro. Dos ideologías que se oponen, que se combaten y que, como todas las ideologías aparentemente opuestas, se parecen, lo que podría suponer un peligro que no deberíamos perder de vista.

Europa y la bomba atómica o la alternativa «libertad o muerte» ha perdido su plausibilidad

En la vida política de Europa ya no se puede hacer abstracción del hecho de que Norteamérica ha desarrollado, posee y amenaza con utilizar armas atómicas. Durante años, los europeos han participado en el debate harto conocido sobre lo desalmado que es un país dominado por la tecnología moderna y en discusiones sobre la monotonía de la máquina, la uniformidad de una sociedad que se basa en la producción masiva y cosas por el estilo. Pero hoy en día se trata de mucho más que eso. La conexión interna de la estrategia bélica moderna y la sociedad tecnificada es una evidencia para todo el mundo, lo que ha llevado a que una parte extensa de la población –y no solamente los intelectuales- tema y rechace con vehemencia el avance tecnológico y la creciente tecnificación de nuestro mundo.

Está claro que tanto la tecnología como la transformación del mundo que ha generado son desde el inicio de la modernidad elementos tan innegables de la historia europea que responsabilizar a los Estados Unidos de sus consecuencias es evidentemente absurdo. Los europeos acostumbraban a ver el avance técnico de Norteamérica como Tocqueville el avance de la democracia americana, es decir, como algo que concernía fundamentalmente a la civilización occidental en su conjunto, aunque por determinados motivos específicos fuera en los Estados Unidos donde hubiera hallado su primera y más clara expresión. Esta posición varió después del lanzamiento de la bomba atómica sobre Hiroshima; desde entonces ha aumentado la tendencia a ver todos los adelantos técnicos como malos y destructivos en sí y a considerar principalmente a Norteamérica, a veces también a Rusia, como la quintaesencia de la tecnificación destructiva, que representa algo hostil y extraño para Europa.

Esta inclinación a contemplar el desarrollo técnico de los últimos tiempos como esencialmente no europeo sorprende tanto más cuanto que los europeos saben muy bien que el descubrimiento de la energía atómica se debe en gran parte a los esfuerzos de científicos europeos que se vieron obligados por los acontecimientos políticos a abandonar su patria y venir a Norteamérica. Siendo objetivos, hay escaso fundamento para presentar la producción de las armas atómicas como prueba de que la tecnificación no es un fenómeno europeo sino norteamericano. Pero sin importar lo razonable que sea, esta parece que es la posición de los europeos.

Efectivamente, es llamativo un cierto cambio en las discusiones actuales sobre la cuestión de la tecnología. La potencia destructiva de las nuevas armas es tan grande y la destrucción física de los países europeos se siente como una posibilidad tan amenazadora que el proceso de tecnificación ya no se contempla como un acontecimiento dirigido contra el espíritu o letal para los nervios sino como un proceso que contiene el peligro de la pura aniquilación física. Cosa que ha llevado a que la actitud anti-técnica ya no sea una exclusiva de los intelectuales; las masas mismas ya no ven en la evolución técnica una fuente de mejoras materiales.

La relevancia política de esta hostilidad general contra la tecnología –que incluye la hostilidad contra Norteamérica– reside en el hecho de que ahora todo el mundo tiene miedo. Todos se inclinan a pensar igual que Mefistófeles en Fausto, de Goethe: «Los elementos se han confabulado contra nosotros y todo acabará en destrucción».

Al parecer, a favor de esta argumentación habla lo siguiente: es más característica de los recientes avances tecnológicos la liberación de fuerzas naturales que la mejora constante de las técnicas de producción. Por eso, la reacción en cadena de la bomba atómica puede convertirse fácilmente en un símbolo de la confabulación entre el hombre y las fuerzas elementales de la naturaleza, fuerzas que, una vez desencadenadas por el saber técnico de los humanos, un día se vengarán y destruirán toda vida sobre la Tierra e incluso la Tierra misma. En todo caso, sea esto verdad o no, cuando los europeos piensan en la tecnología, no ven el aparato de televisión en sus hogares sino el hongo atómico sobre Hiroshima. Los Estados Unidos lanzaron esta bomba atómica y desde entonces van muy por delante en el desarrollo de armas atómicas, lo que ha provocado que el poder político de Norteamérica se identifique con la aterrorizadora fuerza de la tecnología moderna, con un poder destructivo omnipotente al que no es posible oponer resistencia alguna.

La respuesta estándar a esta imagen atemorizadora de Norteamérica es la garantía de que la energía atómica de que dispone la república americana sólo se utilizará para fines defensivos o acciones de represalia. Mientras este instrumento esté en manos de un país libre, argumentan, existe la seguridad de que sólo servirá a la causa de la libertad en todo el mundo.

Esta tesis muestra muchas debilidades y una que no es la menos importante es que al concepto mismo de libertad le es inmanente la incalculabilidad. La ley es aún menos garantía de libertad que de justicia. Si se quisiera crear un marco legal que asegurara la permanencia de la libertad no sólo moriría toda vida política sino que también se eliminaría ese resto de imprevisibilidad sin el cual la libertad no puede vivir.

El argumento estándar de que el mantenimiento de la libertad justifica el uso de medios violentos, y de que una violencia aplicada en pro de la libertad respetará de por sí ciertos límites es bastante problemático, pues al fin y al cabo se basa en esta convicción: mejor muerto que esclavo. Se apoya en una filosofía política que desde la antigüedad considera la valentía como la virtud política *par excellence*, como la única virtud sin la cual la libertad política es totalmente imposible.

Originariamente la convicción tradicional de que la valentía es la máxima virtud política partía de una filosofía precristiana que no contemplaba la vida como el bien más sagrado, y según la cual la vida, en determinadas condiciones, no merecía ser vivida. En la antigüedad dichas condiciones eran que el individuo todavía tuviera que procurar por su mera subsistencia, lo que le incapacitaba para ser libre. Tal podía ser el caso de la esclavitud, por ejemplo, o el de una enfermedad incurable. En ambas circunstancias el suicidio se consideraba la solución adecuada, la que sugerían tanto la valentía como la dignidad humana.

Con el triunfo del cristianismo en el mundo occidental y especialmente de la creencia, originariamente judía, en la santidad de la vida en sí, este código de ética individual reconocido en todo el mundo antiguo perdió su validez absoluta. Las guerras podían justificarse por motivos religiosos pero no apelando a la libertad política secular. Y aunque pudieran seguir dándose masacres masivas, bien conocidas en la antigüedad, ya no había ninguna justificación para ellas. En líneas generales, la civilización occidental acordó que –en palabras de Kant– no podía suceder nada en una guerra que hiciera imposible una paz futura. Este acuerdo ya no tiene validez general.

Con la aparición de las armas atómicas, tanto el límite judeocristiano de la violencia como la exhortación a la valentía de los antiguos han perdido todo su significado a efectos prácticos y, en consecuencia, también lo ha perdido el vocabulario político y ético con que acostumbrábamos a discutir estas cuestiones. En realidad, los limites sólo pueden aplicarse a procesos previsibles; no pueden afectar a aquellas «técnicas de sorpresa» que Raymond Aron ha caracterizado recientemente como el acontecimiento central de la Primera Guerra Mundial, y que generarán inevitablemente nuevas armas «milagrosas» mientras sigamos inmersos en una tecnificación progresiva. En las circunstancias presentes nada es más probable que tales «milagros».

El hecho es que nuestra capacidad de aniquilación ya en este momento ha dejado muy atrás los límites obvios de guerras anteriores. Y esta situación ha puesto en cuestión el valor de la valentía.[3] La condición humana fundamental de la valentía es que el hombre no sea inmortal, es decir, que sacrifique una vida que de todos modos le será arrebatada algún día. La valentía humana sería inimaginable si la vida del individuo estuviera en las mismas condiciones que la vida de la especie. La valentía era la única virtud que los dioses inmortales de Grecia tenían que dejar a los mortales; todas las demás virtudes humanas podían aparecer en forma divina, divinizarse y honrarse como un regalo de los dioses. Sólo la valentía les está denegada a los inmortales, ya que, a causa de su perpetuidad, las apuestas que hacen nunca son lo suficientemente arriesgadas. Si los mortales no tuvieran que perder normalmente la vida un día, no podrían arriesgarla. El precio sería demasiado alto, la valentía que exigiría sería inhumana en el más verdadero sentido de la palabra, y la vida no sólo sería el bien supremo en apariencia, sino que se convertiría en centro de la esencia humana que marginaría todas las demás consideraciones.

A este hecho se une íntimamente otro límite a la valentía humana, a saber, la convicción de que la posteridad comprende el sacrificio mortal del individuo, lo conserva en el recuerdo y lo respeta. El ser humano sólo puede ser valiente mientras sepa que le sobrevivirán aquellos que son como él, que al inscribirse «en la crónica permanente de la humanidad», como dijo Faulkner una vez, desempeña un papel más duradero que él mismo. De esta manera, en la antigüedad, cuando las guerras amenazaban con acabar en el exterminio o la esclavitud de pueblos enteros, los vencedores se sentían obligados a dejar constancia ante la posteridad de los actos y la grandeza del enemigo. Así cantó Homero la loa de Héctor y narró Herodoto la historia de los persas.

A la vista de la situación de la estrategia bélica moderna, la valentía ha perdido mucho de su antiguo sentido. La estrategia bélica moderna —que amenaza la supervivencia de la humanidad y no únicamente la vida de un individuo o como máximo la de todo un pueblo— está a punto de transformar al individuo mortal en un miembro consciente del género humano, de cuya inmortalidad el individuo tiene que estar seguro para ser valiente y cuya supervivencia es más importante para él que todo lo demás. O dicho de otra manera, aunque haya circunstancias en que la vida individual no merezca vivirse, no se puede aplicar lo mismo a la humanidad. En el momento en que una guerra ya en su mero concepto amenaza la pervivencia del hombre sobre la Tierra, la alternativa entre libertad y muerte pierde su antigua plausibilidad.

En tanto que Europa permanezca dividida, puede permitirse el lujo de retraerse ante los preocupantes problemas del mundo moderno. Puede seguir haciendo como si la amenaza a nuestra civilización viniera del exterior, como si la amenazara el peligro de dos potencias, América y Rusia, dos potencias que le son igualmente extrañas. Las dos corrientes, el antiamericanismo y la neutralidad son en cierto sentido síntomas de que Europa no está en este momento dispuesta a enfrentarse a las consecuencias y los problemas de su propia historia.

Si Europa se uniera, sumara las grandes reservas humanas y materiales de sus industrias y fuera lo bastante fuerte para construir sus propios reactores atómicos y producir sus propias armas atómicas, esta vía de escapatoria se cerraría automáticamente. Entonces la discusión, que por ahora se ha mantenido bajo la tapadera de un debate de política exterior, revelaría rápidamente su verdadera esencia. El momentáneo alejamiento de Europa y Norteamérica tocaría a su fin porque sería evidente que el desarrollo tecnológico tiene su origen en la historia global de Occidente y que no se trata de un asunto meramente norteamericano sino que simplemente es en Norteamérica donde ha alcanzado antes su punto álgido.

La amenaza del conformismo

En los últimos años son pocos los norteamericanos que al volver de Europa no se refieran con una cierta amargura al énfasis con que los europeos resaltan lo que aquí resumimos bajo el término de «macartismo». Por regla general los norteamericanos tienden a juzgar que tal actitud está completamente fuera de lugar y muy probablemente consideran las experiencias de este tipo como una prueba de la imagen distorsionada que en el extranjero tienen de Norteamérica, con independencia de quién sea el destinatario de su propia simpatía.

Sin embargo, hay un punto que en este país se pasa por alto con frecuencia. Todos los países europeos, con la excepción de Suecia y Suiza, vivieron el totalitarismo, fuera en forma de movimientos totalitarios fuera en forma de gobiernos totalitarios. A los norteamericanos estos fenómenos les resultan extraños y «no americanos», exactamente igual que los fenómenos modernos específicamente norteamericanos les resultan extraños a los europeos. La respuesta estándar que daban habitualmente, y hasta cierto punto siguen dando, a las víctimas del nazismo y el bolchevismo era: «aquí esto no puede pasar». Parece que para los europeos el macartismo es la prueba concluyente de que sí puede pasar.

Hay dos posibilidades. Podemos tomarnos en serio las conjeturas de la comisión investigadora. Podemos creer igual que ellos que no es Rusia el problema más grave de la política exterior norteamericana (cuando evidentemente sí lo es) sino que el bolchevismo, en forma de confabulación nacional, penetra todas las capas de la población hasta alcanzar a las instancias gubernamentales norteamericanas más altas. En este caso, es inevitable la conclusión de que eso muy bien puede pasar aquí y que sólo gracias a las actividades de los senadores instructores no ha pasado. Si, en cambio, no se cree en el mito de una confabulación nacional que vaya desde lo más alto hasta abajo del todo, podemos descubrir muy fácilmente en las prácticas de este comité rasgos peligrosamente familiares, entre los que no es el menos importante la tradicional construcción del mito de una confabulación. Tal razonamiento es bastante normal, sobre todo en los europeos. Se trata de una reacción que sin duda puede molestar y a veces incluso ofender y herir algunos sentimientos, pero que a largo plazo no provoca perjuicios serios.

Es mucho más relevante otro aspecto de esta misma situación. Viendo la gran atención que en Europa dedican a este tema, causa extrañeza lo poco que informan de la oposición al macartismo, oposición que en los Estados Unidos se desenvuelve en libertad completa. Hasta los europeos bien informados parten de la base de que en esta cuestión todos los norteamericanos opinan igual. Es muy alarmante cómo ven esta posición, es decir, no como opiniones de ciudadanos americanos individuales sino como la opinión norteamericana en general. Esto manifiesta la suposición, tan característica de Europa, de que dicha unanimidad refleja una especie de conformismo que puede renunciar a las amenazas y la violencia porque surge espontáneamente en una sociedad que adiestra a sus miembros para que se ajusten perfectamente a sus exigencias sin darse cuenta de estar siendo condicionados. Ya muy tempranamente se consideró que el condicionamiento del individuo según las exigencias de la sociedad era un rasgo esencial de la democracia norteamericana. De hecho, quizá es el motivo principal que convirtió a Norteamérica en la pesadilla de Europa, incluso de una Europa amante de la libertad, cosa que a los americanos les cuesta entender.

Desde un punto de vista histórico el conflicto europeo entre el Estado y el individuo a menudo se ha resuelto a costa de la libertad individual. Los norteamericanos tomaron este hecho como prueba de que las libertades humanas se sacrificaron al Estado. Los europeos, en cambio, contemplaban la situación en el plano de un conflicto entre el Estado y la sociedad, así que el individuo, aun cuando el gobierno violentara sus libertades, siempre podía encontrar un refugio relativamente seguro en su vida social y privada. El poder totalitario fue el primero en conseguir lo que ninguna otra forma de gobierno había logrado, ni siquiera el despotismo absoluto o las dictaduras modernas, a saber, destruir esta esfera social privada, este resguardo de la libertad individual. Por lo que respecta a la situación en Norteamérica, en Europa siempre se ha temido que aquí la sociedad no pudiera ser ningún refugio precisamente porque los europeos notaron que la distinción entre gobierno y sociedad no existía. La pesadilla de los europeos era que bajo el poder de la mayoría la sociedad misma sería la opresora y no quedaría espacio para la libertad individual.

Tocqueville dijo: «Cuando las condiciones sociales son iguales, la opinión pública presiona sobre el espíritu de cada particular con un peso [tal]» que «la mayoría no necesita obligarlo, sino que lo convence»; la coacción no violenta que ejerce la desaprobación pública es tan fuerte, que el que piensa de manera diferente no puede dirigirse a ninguna parte en su soledad e impotencia y al final se ve empujado o al conformismo o a la desesperación. Si aplicáramos el análisis de Tocqueville a las circunstancias modernas, si intentáramos expresar el pensamiento europeo actual con sus conceptos, podríamos decir que los europeos temen que en Norteamérica el terror y la violencia no sean necesarios para hacer desaparecer la libertad. La intranquilidad de Europa puede atribuirse a su convicción de que la libertad podría desaparecer por medio de alguna clase de acuerdo general en un proceso casi imperceptible de adaptación recíproca. Y eso, hasta ahora, no ha sucedido en ninguna zona del mundo occidental.

El peligro del conformismo y su amenaza a la libertad está presente en todas las sociedades de masas, aunque en los últimos tiempos su importancia quedaba a la sombra del terror, unido a la propaganda ideológica, una forma específicamente totalitaria de organizar grandes masas humanas desestructuradas. Este método era un instrumento para destruir tanto los vestigios de los anteriores sistemas de clases o castas como para impedir que surgieran nuevas clases o grupos, cosa que generalmente ocurre cuando una revolución tiene éxito. En una sociedad de masas ya existente, a diferencia de la paulatina desintegración de las clases que los movimientos totalitarios aceleran, es perfectamente imaginable que haya elementos totalitarios que durante un periodo limitado se construyan sobre el conformismo o más bien alentando un conformismo latente y la dinámica que le es propia. En los estadios iniciales no es difícil pensar que la función del conformismo podría ser que el terror resulte menos violento y la ideología menos llamativa, de manera que el tránsito de un clima de libertad a una atmósfera pretotalitaria sea menos perceptible.

En Norteamérica las consecuencias potencialmente peligrosas o los efectos accesorios de las condiciones igualitarias (me refiero al hecho de que no haya un sistema de clases, rasgo mucho más característico de una sociedad de masas que los meros números) han sido mínimos, pero sólo seguirá siendo así mientras la constitución permanezca intacta y las «instituciones de la libertad» funcionen. En cambio en Europa el viejo sistema de clases se desintegra irreparablemente y evoluciona rápidamente, incluso en un clima no totalitario, hacia una sociedad de masas. Las precauciones con que Norteamérica se ha protegido de los peores peligros del conformismo en gran parte no existen en Europa. Sin embargo, allí donde sí los hay, se han importado parcialmente de Norteamérica y hasta ahora no han tenido tiempo ni de mostrar sin eficacia ni se ha instruido en su uso a la gente. Las precauciones específicamente europeas, como por ejemplo las costumbres y tradiciones, ya han demostrado una vez que no sirven para casi nada en situaciones de necesidad y de coacción. Si los europeos ven un comportamiento conformista en Norteamérica, tienen razón al estar intranquilos; naturalmente, las precauciones específicas nortemericanas contra los peligros inherentes al conformismo, evidentemente, son menos reconocibles para un observador extranjero, excepto para unos pocos, y los europeos tienen toda la razón al juzgar que sin tales precauciones el conformismo podría revelarse tan igualmente mortal como otras formas más sangrientas de la moderna organización de masas.

Naturalmente, Norteamérica tiene una experiencia con el conformismo mucho más larga que Europa. Al tratar este tema los europeos adoptan instintivamente la postura del «esto aquí no puede pasar» exactamente igual que los norteamericanos cuando oyen hablar del totalitarismo por primera vez. Pero en realidad todo lo que ha pasado en Europa puede ocurrir también en Norteamérica y viceversa, ya que, independientemente de todas las diferencias, ambos continentes tienen básicamente la misma historia. Dado que la civilización occidental ha extendido su influencia a todo el globo terrestre, se aproxima vertiginosamente el momento en que seremos capaces de declarar que no puede pasar casi nada en un país cualquiera que no pueda pasar también en cualquier otro. En este contexto, sin embargo, como en el de la estrategia atómica, Europa se ve a sí misma mucho más expuesta que Norteamérica a los peligros de un proceso tal. En Europa, igual que notan que las ciudades son fáciles de atacar y de destruir, se dan cuenta de que las instituciones políticas son menos estables, de que están menos firmemente ancladas y de que las libertades políticas están incluso mucho más expuestas a las crisis internas.

En realidad, de lo que se trata en el proceso que los europeos temerosos consideran una «americanización» es de la formación del mundo moderno con todos sus fenómenos y efectos desconcertantes. Probablemente, la unión de Europa no frenará sino que acelerará este proceso, de manera que esta federación representa muy probablemente una *conditio sine qua non* para la supervivencia de Europa. Tanto si la unión de Europa va acompañada del auge de un nacionalismo paneuropeo antiamericano, como a veces podría temerse hoy día, como si no, la unificación de las condiciones económicas y demográficas seguramente dará lugar a una situación muy parecida a la de los Estados Unidos.

Hace ciento veinte años la imagen que Europa tenía de Norteamérica era la imagen de la democracia, cosa con la que los europeos tenían que conformarse aunque no a todos les gustara, pues sabían perfectamente que esta imagen representaba un componente inseparable de la historia de Occidente. Hoy en día la imagen de Norteamérica es la de modernidad. Es la imagen del mundo tal como surge en la era moderna, una era que ha dado a luz a ambas, tanto a la actual Europa como a la Norteamérica del presente.

Los problemas centrales del mundo son hoy cómo organizar políticamente las sociedades de masas y cómo integrar políticamente el poder técnico. Debido a los peligros de aniquilación inherentes a tales problemas, Europa ya no está segura de si puede adaptarse al mundo moderno y, consiguientemente, con el pretexto de separarse de América, intenta escapar a las consecuencias de su propia historia.

Puede que la imagen de Norteamérica existente en Europa no nos ilustre demasiado sobre el verdadero estado de cosas en Estados Unidos o sobre la cotidianidad de los ciudadanos norteamericanos, pero si estamos atentos, puede decirnos mucho de los miedos justificados que Europa siente por su identidad espiritual y de los temores, aun más profundos, que provoca la cuestión de la supervivencia física. Estos miedos y temores no son exclusivos de los europeos, no importa lo que nos digan ellos. Se trata de los miedos de todo el mundo occidental y, en definitiva, de toda la humanidad.

Little Rock

*Consideraciones heréticas sobre
la cuestión de los negros y la «equality»*

Nota preliminar

El artículo siguiente se escribió por motivos de actualidad hace más de un año, a propuesta de uno de los editores de Commentary. *Su publicación se demoró durante meses, ya que era evidente que mis controvertidas reflexiones se apartaban del punto de vista adoptado por la revista en temas de discriminación y segregación racial. Después, las aguas volvieron transitoriamente a la calma y alimenté la esperanza de que mis temores sobre la gravedad de la situación hubieran sido exagerados. Por eso ya no estaba interesada en publicar este artículo. Sin embargo, acontecimientos recientes me han llevado a la convicción de que tales esperanzas eran vanas y que la rutinaria repetición de clisés liberales quizá sea incluso más peligrosa de lo que había supuesto hace un año. De aquí que haya accedido a que Dissent publicara el artículo sin modificarlo, no porque suponga que un artículo que era actual hace más de un año pueda tratar el tema a fondo o haga justicia a todos los difíciles problemas que intervienen, sino con la esperanza de que incluso un intento insuficiente pueda con-*

tribuir a romper las peligrosas rutinas mentales en que están atrapadas ambas partes.

Sin embargo, después de la redacción del artículo me hicieron dos observaciones que al menos quisiera nombrar. La primera se refiere a mi afirmación de que las disposiciones legales sobre el matrimonio en 29 de los 49 estados representan una vulneración más escandalosa de la letra y el espíritu de la constitución que la segregación racial en las escuelas. Sidney Hook (en New Leader *del 13 de abril de 1958) contestó al respecto que los negros «no se interesaban en absoluto» en esta ley, que para ellos la «discriminatoria prohibición de los matrimonios mixtos y la mezcla de razas es el último punto de la lista de prioridades». Yo lo dudo, especialmente por lo que respecta a las capas instruidas de la población negra, pero es completamente cierto que la opinión pública de los negros y la política de la NAACP[1] se centran casi exclusivamente en la discriminación en el mercado laboral y de la vivienda y en la educación. Es comprensible; las minorías oprimidas nunca han sido precisamente los mejores expertos cuando se trata de prioridades y hay muchos casos en que dudan si luchar antes por la igualdad de oportunidades sociales que por derechos humanos o políticos fundamentales. Pero eso no significa que las disposiciones matrimoniales sean menos contrarias a la constitución o menos vergonzosas; y por lo que respecta a los derechos no debiera ser la opinión pública o una mayoría cualquiera la que estableciera las prioridades sino la constitución.*

La segunda observación es de un amigo, que indicó con razón que mi crítica a la decisión del Tribunal Supremo no había tenido en cuenta el papel que desempeña, y siempre ha desempeñado, la educación en la estructura política de este país. Esta crítica está plenamente justificada y hubiera añadido un análisis de dicho papel en este artículo si no fuera porque ya me había ocupado en otro lugar, a saber, en el artículo «The Crisis in Education»,[2] que apareció en el número de otoño de 1958 de Partisan Review, *de la aceptación acrítica del ideal educativo rousseauniano. Y para no repetirme, he dejado intacto el artículo que sigue.*

Finalmente, me gustaría advertir al lector de que soy una profana en este tema. Nunca he vivido en el sur e incluso he evitado hacer viajes ocasionales a los estados sureños porque eso me hubiera puesto en una situación insoportable para mí. Como la mayoría de gente proveniente de Europa, tengo dificultades para entender los actuales prejuicios de los americanos en esa región, y no digamos para compartirlos. Puesto que posiblemente mi texto chocará a la gente bienintencionada y podría haber gente mal intencionada que hiciera mal uso de él, quisiera dejar bien claro que, como judía, me parece obvio que simpatizo con la causa de los negros o de cualquier otro pueblo oprimido o marginado, y personalmente apreciaría que el lector hiciera lo mismo.

Es lamentable e incluso injusto (aunque no del todo injustificado) que los acontecimientos de Little Rock hayan encontrado un eco tan enorme en la opinión pública de todo el mundo y se hayan convertido en un traspiés para la política exterior norteamericana. Pues a diferencia de otros problemas de política interior que afectan al país desde el fin de la Segunda Guerra Mundial (una histeria por la seguridad y un crecimiento económico incontrolable acompañado de la transformación de una sociedad económica rica en una sociedad de consumo donde la sobreabundancia aparatosa y el baratillo devoran las cosas realmente indispensables y la actividad creativa), y a diferencia de otras dificultades a largo plazo como, por ejemplo, el problema de la cultura y la educación en una sociedad de masas (problemas que no sólo conciernen a Norteamérica sino que son típicos de la sociedad moderna en general), la posición del país con respecto a su población negra únicamente tiene sus raíces en la tradición norteamericana y en ninguna otra parte. La cuestión racial es el resultado de un gran crimen en la historia de Norteamérica y sólo puede resolverse en el marco político e histórico de la república. Que esta cuestión también se haya convertido en un gran problema político mundial es (por lo que respecta a la política y la historia norteamericanas) pura casualidad, ya que en el ámbito de la política mundial la cuestión racial surgió del colonialismo y del imperialismo de las naciones europeas, esto es, de un gran crimen en el que Norteamérica jamás tomó parte. La tragedia es que la irresuelta cuestión racial del interior de los Estados Unidos podría acabar con las ventajas de que disfrutarían justificadamente en tanto que potencia mundial.

Por motivos históricos y de otra índole nos hemos acostumbrado a tratar la cuestión de los negros como un problema del sur. Sin embargo, los problemas sin resolver relacionados con los negros que viven entre nosotros afectan a todo el país y no sólo al sur. Al igual que otras cuestiones raciales, ésta también ejerce una especial atracción sobre la chusma, para cuya ideología y organización es un punto de cristalización muy adecuado. Posiblemente, algún día se constatará que la cuestión de los negros es más incendiaria en las aglomeraciones del norte que en el sur, de comportamientos más tradicionales, sobre todo si el número de negros en los estados del sur sigue disminuyendo y la población negra de los estados no sureños aumenta en la misma proporción de los últimos años. Los Estados Unidos no son un Estado nacional en el sentido europeo y nunca lo han sido. Su estructura política nunca se ha cimentado en una población homogénea y un pasado común. Esto es menos aplicable al sur, cuya población es más homogénea y está más arraigada en el pasado que ninguna otra zona del país. Cuando William Faulkner declaró hace poco que en un conflicto entre el sur y Washington actuaría como ciudadano de Mississipi, parecía más un miembro de un Estado nacional europeo que un ciudadano de esta república. Pero esta diferencia todavía perceptible entre el norte y el sur desaparecerá forzosamente con la creciente industrialización de los estados del sur e incluso ya hoy día no tiene gran importancia en muchos aspectos. En todas las zonas del país –tanto en el este y el norte, donde se da una gran diversidad de nacionalidades, como en el sur, más homogéneo– los negros llaman la atención por su «visibilidad». No sólo son la única «minoría visible» sino la más visible de todas. En este sentido, se parecen en cierto modo a los recién llegados, que forman inevitablemente la minoría más fuertemente «audible» y por eso mismo provocan rápidamente sentimientos xenófobos. Sin embargo, mientras la audibilidad es un fenómeno temporal, pues raramente sobrepasa la duración de una generación, la visibilidad de los negros es invariable y duradera, lo que no es nada trivial. En el espacio público, donde lo que no atrae sobre sí las miradas o los oídos no cuenta, la visibilidad y la audibilidad son de la máxima importancia. El argumento de que eso son meras superficialidades elude la auténtica cuestión, pues precisamente las apariencias exteriores «aparecen» públicamente, mientras que las cualidades interiores, emocionales o intelectuales, sólo son propiedades políticas en la medida en que sus poseedores deseen exponer estos dones del corazón y el espíritu a las candilejas públicas.

La república americana se funda en la igualdad de todos los ciudadanos. Es verdad que la igualdad ante la ley se ha convertido en un principio inalienable de todos los gobiernos constitucionales modernos pero en la vida política de una república la importancia que le corresponde a la igualdad en sí es mayor que en ningún otro sistema de gobierno. Por eso lo que se debate no es sólo el bienestar de los negros sino, al menos visto a largo plazo, también la supervivencia de la república. Hace más de un siglo, Tocqueville vio en la igualdad de derechos la «ley fundamental» de la democracia americana y predijo que las tendencias contradictorias y dificultades inherentes al principio de igualdad podrían ser un día el desafío más peligroso al modo de vida americano. La igualdad, en su forma universal típicamente americana, posee la fuerza enorme de nivelar lo que es diverso por naturaleza y origen, y sólo a esta fuerza hay que agradecer que el país pueda conservar su identidad original a pesar de las olas migratorias que siempre afluyen a sus costas. Pero el principio de igualdad no es todopoderoso, tampoco en su modalidad americana: no puede nivelar las diferencias características de tipo natural y externo. Se llega a este límite cuando desaparecen las desiguales condiciones económicas y educativas. Llegado este momento, sin embargo, aparece inevitablemente un peligro históricamente conocido: cuanto más iguales son los hombres en todos los aspectos y más impregnada de igualdad está la estructura global de una sociedad, más mal vistas están las diferencias y más llaman la atención aquellos que destacan visiblemente y por naturaleza de los demás.

Es perfectamente posible que cuando los negros alcancen la equiparación social y económica e iguales condiciones educativas y formativas, el problema racial en este país se agudice en vez de perder fuerza explosiva. Evidentemente no tiene por qué pero sería muy natural que ocurriera y sorprendente que no lo hiciera. Aún no hemos llegado a ningún punto peligroso pero lo haremos en un futuro predecible y ya han tenido lugar muchos sucesos que apuntan inequívocamente en esta dirección. Aun siendo consciente de las dificultades que comportará en el futuro, no hay ninguna obligación de proponer la inversión de una tendencia que por fortuna es desde hace ya más de quince años extraordinariamente favorable a los negros. Pero sí existe la obligación de defender la posición de que cuando el gobierno intervenga se guíe más por el tacto y la cautela que por la impaciencia y la adopción de medidas poco inteligentes. Desde que el Tribunal Supremo obligó a suprimir la segregación racial en las escuelas públicas la situación general en el sur ha empeorado. Mientras que los recientes acontecimientos sugieren que es inevitable hacer valer los derechos civiles de los negros en el sur mediante la coacción federal, las circunstancias exigen que una intervención tal quede limitada a los pocos casos en que esté en juego la Constitución o los principios de la república. La pregunta es, pues, cuáles son estos casos en general, y en particular si la educación es uno de ellos.

El programa de derechos civiles de la administración une dos puntos completamente diferentes. Fortalece el derecho electoral de la población negra, que es una obviedad en el norte pero no en el sur. Y también consiente la segregación racial, que es un hecho palpable en todo el país y sólo en los estados sureños objeto de una legislación discriminatoria. La actual oposición masiva en todo el sur es el resultado de la abolición forzada de la segregación racial y no de la imposición legal del derecho electoral de los negros. Según una encuesta de opinión realizada en Virginia, el 92 % de los ciudadanos rechaza completamente la integración en las escuelas, el 65 % está dispuesto a renunciar a las escuelas públicas en esas condiciones y el 79 % no ve ningún motivo para reconocer la fuerza vinculante de la decisión del Tribunal Supremo. Estos resultados ilustran la gravedad de la situación. Lo terrible no es el 92 % que se pronuncia contra la integración, pues en el sur la línea divisoria nunca se ha trazado entre defensores y detractores de la segregación racial –en la práctica tales contrincantes no existen; lo chocante es la cantidad de gente que prefiere el dominio de la chusma a una ciudadanía fiel a la ley. Los que en el sur se denominan liberales y moderados, o sea, aquellos que se atienen a la ley, se reducen a una minoría del 21%.

Pero no es necesaria ninguna encuesta de opinión para sacar a la luz esta información. Los acontecimientos de Little Rock fueron lo bastante ilustrativos, y aquellos que únicamente responsabilicen de los disturbios al comportamiento extraordinariamente desacertado del gobernador Faubus pueden corregirse a sí mismos ante el elocuente silencio de los dos senadores liberales de Arkansas. Los ciudadanos fieles a la ley entregaron las calles a la chusma. Ni los ciudadanos blancos ni los negros consideraron su deber acompañar a los niños negros a la escuela para que estuvieran seguros; esta es la triste verdad. Los sureños fieles a la ley ya habían decidido incluso antes de la intervención de tropas federales que no les importaba la fuerza del derecho contra el dominio de la chusma ni tampoco proteger a los niños de los gángsters adultos. En otras palabras, la llegada de las tropas sólo transformó la resistencia pasiva en una resistencia masiva.

Creo que también fue Faulkner quien dijo que la integración forzada por ley no es en absoluto mejor que la segregación racial forzada legalmente, cosa que es completamente cierta. El único motivo por el que el Tribunal Supremo se ocupó de la cuestión de la segregación racial fue fundamentalmente que en el sur desde hacía generaciones era una cuestión legal y no simplemente social. Pues el punto decisivo no es, como se sabe, que la segregación racial, postura tradicionalmente social, sea contraria a la constitución, sino que se *haya impuesto legalmente*. Sin duda, abolir estas leyes es de gran importancia y por lo que se refiere al párrafo del proyecto de derechos civiles concerniente al derecho de sufragio, ninguno de los estados del sur se ha atrevido realmente a oponerse a él con intensidad. De hecho, la propuesta de derechos civiles no va suficientemente lejos en cuanto a la legislación anticonstitucional, pues deja intacta la ley más vergonzosa de los estados sureños: la ley que convierte un matrimonio mixto en un delito. El derecho a casarse con quien se quiera es un derecho humano elemental, en comparación con el cual «el derecho de ir a una escuela integrada, el derecho de sentarse en el autobús donde se quiera, el derecho de acceder a cualquier hotel, cualquier lugar de vacaciones o cualquier espectáculo público independientemente del color de la piel o de la raza» son derechos de menor importancia. Incluso derechos políticos como, por ejemplo, el derecho electoral y casi todos los otros enumerados en la constitución son secundarios comparados con los derechos humanos inalienables a «la vida, la libertad y la búsqueda de la felicidad», tal como se proclamaron en la Declaración de independencia. Y a esta categoría pertenece sin duda el derecho a fundar un hogar y casarse. Hubiera sido mucho mejor que se le hubieran hecho notar estas violaciones de la constitución al Tribunal Supremo, ya que si el éste hubiera declarado anticonstitucional la prohibición de la mezcla de razas mucho antes, no se hubiera visto obligado después a alentar los matrimonios mixtos, y no digamos a tener que imponer su validez legal en casos particulares.

Sin embargo, lo más desconcertante de todo el asunto es la decisión del gobierno federal de empezar precisamente por la integración en las escuelas públicas. Seguramente no se necesitaba demasiada imaginación para darse cuenta de que se les estaba endosando a los niños –negros y blancos– la solución de un problema que los adultos se han confesado incapaces de solucionar a lo largo de generaciones. Creo que nadie olvidará tan fácilmente la fotografía, publicada en todos los periódicos y revistas del país, de una niña negra saliendo de la escuela en compañía de un amigo blanco de su padre y una horda de jóvenes vociferantes y gesticulantes pisándoles los talones. Por lo visto a la niña se le exigía ser una heroína, algo a lo que no se sentían llamados ni sus ausentes padres ni los asimismo ausentes representantes del NAACP. A estos jóvenes blancos, al menos a los que dejen atrás su actual brutalidad, les costará asumir esta fotografía, que evidencia tan despiadadamente su ciminalidad juvenil. Para mí, esta fotografía es como una caricatura de la educación progresista, que al abolir la autoridad de los adultos niega la responsabilidad de estos frente al mundo en que sus hijos han nacido y les exime del deber de acompañarlos en él. ¿Hemos llegado al punto de exigir a los niños que cambien o mejoren el mundo? ¿Tenemos la intención de dejar que en el futuro nuestras escaramuzas políticas se diriman en los patios de las escuelas?

La segregación racial es una discriminación legal y por eso su supresión sólo puede significar que las leyes discriminatorias sean abolidas, medida que no suprimirá la discriminación ni impondrá la igualdad social, pero sí puede, y tiene que, imponer la igualdad dentro de la colectividad política. Porque no es sólo que la igualdad nazca en la colectividad política, es que su validez también se circunscribe al terreno político. Sólo en él todos somos iguales. En la era moderna, esta igualdad ha encontrado su expresión más importante en el sufragio universal, según el cual el juicio y la opinión del ciudadano más extravagante cuenta exactamente lo mismo que el juicio y la opinión de una persona que apenas sabe leer y escribir. La elegibilidad, esto es, el derecho a ser elegido para algún cargo público es igualmente uno de los derechos incondicionales de todo ciudadano. Pero aquí la igualdad ya está limitada, pues aunque la necesidad de diferenciar personalmente en una elección se deriva de la igualdad numérica, es decir, cada cual es reducido literalmente a uno, para alguien que quiera ganar unas elecciones son más importantes las diferencias y cualidades personales que no la mera igualdad.

Al contrario que otras diferencias (por ejemplo los conocimientos técnicos, la cualificación profesional, la condición social o la aptitud intelectual) las cualidades políticas que se necesitan para optar a un cargo público están tan estrechamente unidas al hecho de ser un igual entre iguales que puede decirse que no se trata en absoluto de peculiaridades especiales sino al contrario, de aquellas diferencias a que todos los electores aspiran, aunque no necesariamente como seres humanos sino como ciudadanos y seres políticos. De aquí que en una democracia las cualidades del que detenta un cargo público dependan siempre de la naturaleza del electorado. Por eso el sufragio pasivo es un resultado necesario del sufragio activo; significa que a cada uno se le da la posibilidad de distinguir en aquellas cosas en que de entrada todos somos iguales. Dicho con más exactitud, el sufragio activo y pasivo son los únicos derechos políticos y constituyen la quintaesencia de la ciudadanía en una democracia moderna. Contrariamente a otros derechos civiles o humanos, estos derechos no son concedidos a los inmigrantes residentes.

Lo que la igualdad es al colectivo político –su principio más intrínseco– lo es la discriminación a la sociedad. La sociedad es ese reino peculiar, híbrido entre lo político y lo privado en que desde el principio de la modernidad la gente pasa la mayor parte de su vida. Pues cada vez que abandonamos las cuatro paredes protectoras de nuestro domicilio privado y cruzamos el umbral de la vida pública, no aparecemos en el reino de la política y de la igualdad sino en la esfera de la sociedad. Vamos a parar a esa esfera forzosamente porque tenemos que ganarnos el sustento, o acudimos a ella porque queremos atender a nuestra profesión o porque nos tienta la diversión que nos ofrece la sociabilidad. Y una vez hemos penetrado en esa esfera por primera vez, también nos aplicamos el viejo dicho «Dios los cría y ellos se juntan», que domina todo el reino de la sociedad en su infinita variedad de grupos y asociaciones. Lo que importa no es la diferencia política sino la adhesión a grupos diferentes de gente, que con el fin de identificarse discriminan necesariamente a otros grupos del mismo ámbito. En la sociedad americana la gente se agrupa por profesiones, ingresos o procedencia étnica y discriminan a las agrupaciones rivales, mientras que en Europa los factores que intervienen son la clase social, la formación y los modales. Considerado desde un punto de vista puramente humano todas estas prácticas discriminatorias no tienen ningún sentido; pero es dudoso del todo si en el reino de la sociedad de los que se trata es de seres humanos en sí mismos. Sea como fuere, sin alguna clase de discriminación una sociedad dejaría simplemente de existir, con lo que desaparecerían oportunidades muy importantes para asociarse libremente y formar grupos.

Una sociedad de masas, donde se borran las líneas divisorias y se allanan las diferencias grupales, es un peligro para la sociedad en sí y no deja de ser un peligro para la integridad del particular (aunque algo menor porque la identidad personal bebe de una fuente que brota allende el reino de la sociedad). Sin embargo, el conformismo no es sólo una marca típica de una sociedad de masas, sino de cualquier sociedad en la medida en que únicamente se aceptan en un determinado grupo aquellos que satisfacen las características diferenciales comunes que mantienen el grupo unido. El peligro del conformismo en este país (un peligro tan antiguo como la república) es que, a causa de la extraordinaria heterogeneidad de la población, el conformismo social tiene la tendencia a absolutizarse y a convertirse en un sustitutivo de la homogeneidad nacional.

Sea como sea, la discriminación es un derecho social tan incondicional como la igualdad es un derecho político. De lo que se trata no es de cómo puede abolirse la discriminación sino de cómo circunscribirla al terreno en que es legítima, es decir, el social: cómo puede evitarse que invada la esfera política y personal donde provoca efectos tan desoladores.

Para ilustrar esta diferencia entre el espacio político y el social quisiera citar dos ejemplos de discriminación de los cuales uno está, a mi parecer, completamente justificado y fuera del ámbito de competencia del gobierno, mientras que el otro es nocivo para el ámbito político y un escándalo injustificable.

Todo el mundo sabe que en este país son frecuentes los lugares donde sólo tienen acceso a pasar sus vacaciones grupos de un determinado origen. Hay mucha gente que se escandaliza de esta práctica y, sin embargo, no es más que una derivación del derecho de libre asociación. Si yo, como judía, quiero pasar mis vacaciones sólo en compañía de judíos no se me ocurre cómo podría nadie impedírmelo justificadamente. E, igualmente, no veo ningún motivo para que no hubiera otros lugares donde pasara sus vacaciones una clientela que no quiera ver ni un judío. No puede haber un «derecho a ir a cualquier hotel, a cualquier centro de reposo y a cualquier espectáculo público», pues muchos de ellos se hallan en un espacio puramente social, donde el derecho a la libre disposición y, por tanto, a la discriminación es más válido que el principio de igualdad. (Cosa que no es aplicable a teatros y museos, a donde es evidente que la gente no va con la intención de reunirse). Que el «derecho» a acceder a lugares públicos se mantenga tácitamente en la mayoría de países y sólo en la democracia americana se discuta tanto, no se debe a que los demás países sean más tolerantes sino en parte a que su población es más homogénea y en parte a que su sistema clasista sigue funcionando aunque hayan desaparecido sus fundamentos económicos. La homogeneidad y la clase social garantizan conjuntamente una «igualación» de la clientela que en América no puede conseguirse ni siquiera mediante la limitación del acceso y la discriminación.

Sin embargo, es algo completamente distinto el «derecho a sentarse en el autobús donde a uno le plazca», o en el ferrocarril o en la estación o el derecho a ir a los hoteles y restaurantes del barrio –en definitiva, cuando se trata de empresas de servicios, que, tanto si son de titularidad privada como pública, prestan en realidad servicios públicos que todos necesitamos para atender a nuestros asuntos y manejarnos en el día a día. Si bien tampoco pertenecen directamente al ámbito político, sí está claro que dichos servicios forman parte de la esfera de lo público, donde todos somos iguales. Por eso la discriminación en trenes y autobuses existente en los estados sureños es exactamente igual de escandalosa que la discriminación en hoteles y restaurantes de todo el país. Evidentemente, la situación en el sur es mucho peor porque la segregación racial en las empresas públicas de servicios se impone por ley y todo el mundo la percibe claramente. Es realmente lamentable que después de tantas décadas de ignorar completamente la situación en el sur no se haya empezado a eliminar la segregación racial por sus aspectos más inhumanos y aparatosos.

Finalmente, el tercer ámbito en que nos movemos y convivimos con otros seres humanos –la esfera privada– no se rige ni por la igualdad ni por la discriminación sino por la exclusividad. Elegimos a aquellos con quienes queremos pasar nuestra vida, los amigos personales y aquellos a los que amamos. En nuestra elección no nos guiamos por el parecido o por marcas de grupo coincidentes, no nos atenemos a ninguna pauta o norma objetiva sino que nuestra elección, tan inexplicable como certera, recae sobre una persona en particular, sobre un ser humano único e inconfundible con ningún otro que conozcamos. La singularidad y la exclusividad tienen sus propias leyes, que siempre, también en el futuro, entran en conflicto con las pautas de la sociedad, precisamente porque la discriminación social atenta contra el principio de la privacidad sin que por otro lado pueda determinar válidamente cómo vivirla. Por eso cada matrimonio mixto representa una provocación a la sociedad y significa que los cónyuges anteponen su felicidad personal a la integración social, hasta llegar al punto de estar dispuestos a soportar los sufrimientos de la discriminación. Ese es su asunto privado y tiene que seguir siéndolo. El escándalo empieza cuando su provocación a la sociedad y a las costumbres dominantes (que es algo a lo que todo ciudadano tiene derecho) se interpreta como un acto delictivo, de manera que al abandonar la esfera social se entre automáticamente en conflicto con la ley. Las normas sociales no son ninguna pauta legal y cuando la legislación sigue los prejuicios sociales nos escontramos ante una sociedad tiránica.

Por razones cuya exposición aquí nos llevaría demasiado lejos, el poder de la sociedad en nuestra época es más grande que antes y hay mucha gente que ya no sabe lo que es la vida privada y cuáles son sus reglas. Pero eso no significa que se dé carta blanca al colectivo político para que olvide proteger la esfera privada y se despreocupe de la grosera violación de los derechos de esta cuando la legislación empieza a dar fuerza legal a la discriminación social. Mientras que el gobierno no tiene derecho a inmiscuirse en los prejuicios y prácticas discriminadoras de la sociedad, no sólo tiene el derecho sino el deber de garantizar que esas prácticas no se impongan por ley.

Del mismo modo que el gobierno tiene que asegurar que la discriminación nunca menoscabe la igualdad política, también tiene que proteger el derecho de cada individuo a poder hacer lo que le venga en gana dentro de sus cuatro paredes. La discriminación social se convierte en persecución en el momento en que se impone por ley y muchos estados sureños son culpables de ese crimen. En el momento en que la discriminación social se abole por ley, se viola la libertad de la sociedad, y el gobierno federal, al manipular irreflexivamente la cuestión de los derechos civiles, puede haber cometido tal violación. El gobierno está legitimado para no dar ningún paso contra la discriminación social, pues sólo puede actuar en nombre de la igualdad, que es un principio que no tiene ninguna validez en el ámbito social. El único poder público que puede combatir el prejuicio social en nombre de la singularidad de la persona es la Iglesia, pues la religión (y especialmente la fe cristiana) se basa en la singularidad del alma humana. Las iglesias son realmente el único lugar de reunión donde no importan las superficialidades; que la discriminación se deslice al interior de la casa de Dios es un indicio infalible del fracaso religioso de las iglesias, que dejan de ser instituciones religiosas para convertirse en entidades sociales.

Otro problema en el conflicto actual entre Washington y el sur son los derechos de los estados particulares. Durante algún tiempo fue corriente entre los liberales afirmar que tal cuestión no existía, que se trataba de un truco de los reaccionarios sureños faltos de nada mejor que «argumentos abstrusos e historia constitucional». Según mi opinión, este es un error peligroso. Al contrario que el Estado nacional europeo, cuyo fundamento clásico establece que tanto el poder como la soberanía son indivisibles, la estructura de la autoridad política en este país descansa sobre el principio de la división de poderes y en la convicción de que ésta fortalece al Estado entero. Este principio se basa en un sistema de «checks and balances» entre los tres ámbitos políticos, pero en la estrucutra federal del sistema de gobierno también se prevé que la Unión y cada uno de los cuarenta y ocho estados se equilibren y controlen mutuamente por lo que se refiere a sus respectivas competencias. Si es verdad (y estoy convencida de ello) que, dividiéndose, el poder engendra más poder (a diferencia de la coacción), la conclusión es que cualquier intento del gobierno federal de recortar la soberanía legislativa de los diversos estados sólo puede justificarse con argumentos jurídicos o referentes a la historia de la Constitución. No son argumentos abstrusos, se basan en un principio que los fundadores de la república situaron en el primer lugar de todos.

Nada de esto tiene que ver con si se es un liberal o un conservador, aunque en un debate sobre la esencia del poder, el juicio de los liberales, cuya profunda desconfianza frente al poder en cualquiera de sus formas tiene una larga y honorable historia, quizá merezca menos confianza que en otras cuestiones. Los liberales no comprenden la esencia del poder, es decir, que el potencial de poder de toda la Unión padece si se socavan los fundamentos regionales sobre los que éste descansa. Resulta que la coacción puede centralizarse e incluso tiene que hacerlo si quiere ser efectiva, mientras que el poder ni puede ni debe centralizarse. Cuando se secan las diversas fuentes de las que mana, toda la estructura de autoridad cae en la impotencia. Los derechos de los estados particulares de este país son una de las fuentes más prístinas del poder, al servicio no de la imposición de los intereses y variedades regionales sino de la república como un todo.

En la campaña por los derechos de los negros, las dificultades que ha provocado la decisión de eliminar la segregación racial, empezando precisamente por la enseñanza pública y no por cualquier otro frente, radican en que con esta decisión se entra en un terreno en el que cada uno de los derechos y principios particulares que hemos expuesto más arriba se ve afectado. Es completamente cierto, y los sureños lo han señalado repetidamente, que la Constitución no se pronuncia sobre la educación y que la enseñanza pública es, jurídica y tradicionalmente, competencia de cada uno de los estados. El contraargumento de que hoy día todas las escuelas públicas dependen de fondos federales es débil, ya que los fondos federales sólo completan las dotaciones locales y no convierten a las escuelas en organismos federales como, por ejemplo, los juzgados de distrito. Sería en verdad muy poco inteligente que el gobierno federal –que cada vez tiene que subvencionar a más organismos e iniciativas– utilizara su apoyo financiero como arma para obligar a los estados particulares a coincidir con unas posiciones que de otro modo sólo asumirían con vacilaciones o no asumirían en absoluto.

La misma superposición de derechos e intereses se pone de manifiesto cuando se examina la cuestión de la educación desde el punto de vista de los tres ámbitos vitales del hombre: el político, el social y el privado. Los hijos son antes que nada parte de una familia y de un hogar, lo que significa que son educados en un ambiente altamente sensible al exterior, es decir, precisamente en el ambiente que hace de una vivienda un hogar lo bastante sólido y seguro como para proteger a los que crecen en él de las exigencias del ámbito social y los deberes del ámbito político. El derecho de los padres a criar a sus hijos como les parezca está protegido por el derecho personal y pertenece a la esfera privada del hogar y la familia. Con la introducción de la escolarización obligatoria este derecho no es que se haya abolido pero sí que ha sido cada vez más cuestionado y limitado por el derecho del Estado a que los niños se preparen para cumplir sus futuros deberes como ciudadanos. No se puede negar el interés del gobierno en este asunto, así como tampoco el derecho de los padres. La posibilidad de la educación privada no es ninguna salida a este dilema, pues la protección de determinados derechos personales pasaría a depender del nivel económico, con lo que aquellos que se vieran obligados a enviar a sus hijos a las escuelas públicas quedarían desprotegidos.

Lo único que limita legalmente el derecho paterno es la escolaridad obligatoria. El Estado tiene el derecho indiscutible de prescribir una exigencias mínimas para la mayoría de ciudadanos e incluso de exigir la enseñanza de aquellas especialidades y profesiones que considere necesarias y deseables para el conjnto de la nación. Sin embargo, todo esto sólo atañe al contenido de la educación del niño y no al contexto en que se dan sus relaciones y su vida social, algo que inevitablemente se desarrolla al ir a la escuela; de lo contrario, habría que poner en cuestión el derecho de las escuelas privadas a existir. Para el niño mismo, la escuela es el primer sitio fuera del hogar donde establece conexión con el mundo público que les rodea a él y a su familia. Este mundo público no es la esfera política sino la social, y la escuela es al niño lo que el puesto de trabajo a los adultos. La única diferencia es que el derecho de libre elección, que en una sociedad libre permite, al menos en principio, elegir el puesto de trabajo y las asociaciones vinculadas a él, se le deniegue de momento al niño y queda en manos de los padres.

Si se obliga a los padres a enviar contra su voluntad a sus hijos a una escuela integrada, se les priva de los derechos que tienen en cualquier sociedad libre: el derecho personal a decidir sobre sus hijos y el derecho social a asociarse libremente. En cuanto a los niños, para ellos la integración forzosa significa un conflicto muy serio entre hogar y escuela, entre su vida privada y su vida social pero, mientras que tales conflictos son corrientes en la vida adulta, no puede esperarse que los niños sepan afrontarlos y por lo tanto no se les debería exponer a ellos. Se ha dicho con frecuencia que el ser humano nunca es tan conformista –esto es, un ser puramente social– como en la infancia. La razón es que todo niño busca instintivamente una autoridad que le muestre el camino a seguir en este mundo en el que todavía es extranjero y no sabe orientarse con sus propios juicios. Cuanto más en la estacada lo dejen padres y maestros más se amoldará a su propio grupo de edad, que en determinadas circunstancias se convertirá en su autoridad máxima. El resultado sólo puede ser el auge del poder de la calle, cosa que la foto a la que me he referido más arriba demuestra con tanta elocuencia. El conflicto entre el hogar, donde hay segregación racial, y la escuela, donde se ha eliminado, entre el prejuicio de la familia y las exigencias de la escuela, liquida de un manotazo tanto la autoridad de los maestros como la de los padres y la sustituye por una opinión pública en cuya formación los mismos niños dominados por ella no tienen ni la capacidad ni el derecho de participar.

Puesto que la gran diversidad de factores implicados en la enseñanza pública rápidamente pueden colisionar, incluso la intervención mejor intencionada del Estado siempre es bastante discutida. De ahí que parezca extremamente dudoso que fuera inteligente empezar a imponer los derechos civiles en un ámbito en el que no estaba en juego ninguno de los derechos humanos o políticos fundamentales, y donde podían lastimarse tan fácilmente otros derechos (sociales y personales) cuya protección no es menos vital.

Una réplica a la crítica

Uno de mis dos críticos, el señor Tumin, ya ha procurado con el tono empleado en su respuesta que toda discusión con él sea superflua. En cambio, la argumentación del señor Spitz,[3] si fuera realmente una refutación de mi posición, exigiría un análisis punto por punto. Desgraciadamente el señor Spitz, a pesar de la corrección y la exactitud de su propia posición, ha mal entendido y mal interpretado de tal manera mis argumentos que tendría que citar cada una de las frases de nuestros respectivos artículos no ya para responder a su refutación sino sólo para deshacer y corregir los malentendidos en que ésta se basa. Pero tal cosa sería aburrida y un puro derroche de espacio, y el resultado no sería mejor que reproducir nuevamente mi argumentación. Por este motivo preferiría atenerme al simple hecho de que mi artículo no se entendió tal como lo escribí e intentar repetir sus puntos esenciales a un nivel menos teórico.

El punto de partida de mis reflexiones lo constituía la foto de un periódico en que se ve a una niña negra volviendo a casa al salir de una escuela recién integrada; un amigo blanco de su padre la protege de una horda de niños blancos que los persiguen; la cara de la niña es testimonio elocuente del hecho notorio de que no se siente precisamente feliz. Esta foto resumía en un espacio muy reducido toda la situación, ya que mostraba a aquellos a quienes afectó más directamente la orden del tribunal federal: los niños. Mi primera pregunta era: ¿Qué harías tú si fueras una madre negra? Respuesta: bajo ninguna circunstancia expondría a mi hijo a una situación que le exigiera actuar como si quisiera irrumpir en un grupo en el que no se le desea. Desde un punto de vista psicológico el hecho de no ser deseado (una situación de presión típicamente social) es más difícil de soportar que la persecución pública (una situación de presión política), ya que está en juego el orgullo personal. Por orgullo no entiendo nada como el «orgullo de ser un negro» o un judío o un protestante blanco y anglosajón, etc., sino el sentimiento innato y natural de ser idéntico con todo aquello que somos casualmente por nacimiento. Este orgullo, que no hace comparaciones y que no conoce ni complejos de inferioridad ni sentimientos de soberbia, es parte indispensable de la integridad personal y se pierde no tanto al ser perseguido como al ser expulsado de un grupo o, como en este caso, al verse forzado a ser un atosigador. Si yo fuera una madre negra en el sur, tendría la sensación de que inintencionada pero inevitablemente el Tribunal Supremo ha puesto a mi hijo en una situación que es más humillante que la precedente.

Además, si fuera una madre negra tendría la sensación de que el intento de suprimir la segregación racial empezando precisamente por la educación y las escuelas no solamente ha descargado injustamente el peso de la responsabilidad de los hombros de los adultos para depositarlo en los de los niños: estaría más bien convencida de que el sentido de todo el asunto era rehuir la cuestión real. La auténtica cuestión es la igualdad ante la ley de este país, igualdad que vulnera no las costumbres sociales o el tipo de educación infantil, sino las leyes segregacionistas, esto es, leyes que obligan a la segregación racial. Si sólo se trata de una buena educación para mis hijos, de intentar que gozaran de igualdad de oportunidades, ¿por qué no se me ha pedido luchar por una mejora de las escuelas para los niños negros y por la introducción inmediata de clases especiales para aquellos niños que por su rendimiento escolar ya hoy pudieran ser admitidos en escuelas blancas? Me quedo con la sensación de que en lugar de exhortarme a una lucha claramente definida por mis derechos indiscutibles –mi derecho de sufragio y el amparo de su ejercicio, el derecho a casarme con quien quiera y de que se me proteja en mi matrimonio (lo que, naturalmente, no se refiere a los intentos de convertirse en el cuñado de nadie) o el derecho a la igualdad de oportunidades–, me han involucrado en un asunto de escalada social. Y si escogiera este camino para mejorar mi situación seguramente preferiría seguirlo sin la ayuda de ninguna autoridad gubernativa. Y si pisara a alguien o usara mis codos seguro que no lo haría por pura afición; me vería obligada a ello para vivir con una cierta decencia o elevar el nivel de vida de mi familia. La vida puede ser muy desagradable pero, sea lo que sea a lo que me vea forzada (y seguramente nada me obliga a comprarme una casa en barrios residenciales sólo accesibles a gente de determinada procedencia), conservaré mi integridad personal siempre que actúe bajo coacción y en una situación de emergencia imperiosa y no solamente por motivos sociales.

Mi segunda pregunta era: ¿qué haría si fuera una madre blanca en el sur? También intentaría impedir que mi hijo se viera envuelto en una lucha política en el patio de la escuela. Además, pensaría que cualquier cambio drástico de este tipo hubiera requerido mi aprobación, da igual cuál fuera mi opinión. Estaría de acuerdo en que el gobierno tiene algo que decir en la educación de mi hijo en la medida en que éste tiene que convertirse en un ciudadano de este país, pero le denegaría al gobierno cualquier derecho a decirme en qué compañia debería educarse mi hijo. Sólo las dictaduras han cuestionado el derecho de los padres a tomar tales decisiones sobre sus hijos hasta que estos crezcan.

Sin embargo, si estuviera profundamente convencida de que las escuelas integradas son un remedio fundamental para la situación en el sur, intentaría –quizá con la ayuda de los cuáqueros o cualquier otra entidad de ciudadanos dispuesta a ello– construir una nueva escuela para niños blancos y de color e impulsarla como un proyecto piloto capaz de inducir a otros padres blancos a variar su postura. Es verdad que también estaría utilizando a los niños para una lucha esencialmente política pero al menos aseguraría que todos los escolares estaban allí con el consentimiento y el apoyo de sus padres. No habría ningún conflicto entre hogar y escuela, aunque sí lo habría entre el hogar y la escuela de un lado y la calle del otro. Supongamos que en el desarrollo de tal empeño los ciudadanos sureños que rechazan la educación integrada también se organizaran e incluso consiguieran convencer a las autoridades del Estado de impedir la apertura y la gestión de la escuela. Exactamente en este momento, según mi opinión, el gobierno estaría obligado a intervenir, ya que se trataría de un caso claro de segregación racial impuesta por la violencia de un estado particular.

Lo que nos lleva a la tercera pregunta que me planteaba: ¿cuál es exactamente la diferencia entre la llamada vida sureña y el modo de vida americano por lo que respecta al problema racial? Y la respuesta, de una sencillez palmaria, era que la discriminación y la segregación racial es general en todo el país pero sólo en los estados del sur tiene una base legal. Quien quiera cambiar la situación en el sur difícilmente podrá evitar interceder por la abolición de las leyes matrimoniales y por el libre ejercicio del derecho de sufragio. Y no se trata de ninguna manera de cuestiones académicas. Se trata en parte de un principio constitucional que por definición va más lejos de las decisiones de la mayoría y al que no pueden afectar consideraciones de practicabilidad; y en parte también, naturalmente, de derechos de los ciudadanos, como, por ejemplo, de los de aquellos veinticinco jóvenes negros de Texas que mientras cumplían su servicio militar se casaron con muchachas europeas y no pudieron volver a casa porque a los ojos de las leyes tejanas se habían convertido en culpables de un delito.

La aversión de los liberales americanos a afrontar la cuestión de las leyes matrimoniales, la prontitud con que apelan a la practicabilidad y se desvían del tema afirmando que los mismos negros no tienen ningún interés por él y la perplejidad que les invade cuando se les recuerda que en todo el mundo se la conoce como la ley más indignante del hemisferio occidental; todo esto trae a la memoria una aversión más antigua, a saber, la de los fundadores de la república a seguir el consejo de Jefferson y abolir el crimen de la esclavitud. También Jefferson cedió por motivos prácticos pero al menos tuvo bastante conocimiento político para decir después de la batalla perdida: «Tiemblo al pensar que Dios es justo». No temblaba ni por los negros ni por los blancos sino por el destino de la república, porque sabía que ya desde el comienzo se estaba violando unos de sus principios vitales. Lo que provoca la prolongación del crimen que va unido a la fundación de este país no son la discriminación ni la segregación social de las razas en todas sus posibles formas sino las leyes raciales.

Una última observación sobre educación y política. La idea de que se puede cambiar el mundo al educar a los niños en el espíritu del futuro es desde la antigüedad uno de los distintivos de las utopías políticas. Lo problemático de tales ideas siempre ha sido lo mismo: sólo pueden tener éxito si se separa a los niños de sus padres y se les educa en instituciones estatales o se les adoctrina en la escuela de tal modo que se vuelvan contra sus propios padres. Es lo que ocurre en los sistemas tiránicos. Si, en cambio, los órganos del Estado no tienen la voluntad de asumir las consecuencias de sus propias vagas esperanzas y premisas, en el mejor de los casos el experimento educativo no obtendrá resultados y, en el peor, irritará y enemistará tanto a los padres como a los hijos, que se sentirán despojados de algunos derechos esenciales. Lo que ha ocurrido en el sur después de la resolución del Tribunal Supremo –después de que esta administración se comprometiera a que su lucha por los derechos civiles triunfara en el ámbito de la educación y las escuelas públicas– ha dejado un sentimiento de inutilidad e innecesaria amargura. Es como si las partes afectadas supieran muy bien que con el pretexto de que sucede algo, en realidad no se consigue nada.

Desobediencia civil

En la primavera de 1970 la unión de abogados del estado de Nueva York celebró sus cien años de existencia con un simposio en torno a una pregunta bastante deprimente: «¿Ha muerto la ley?». Sería interesante saber qué es lo que motivó realmente este grito desesperado. ¿Fue el aumento catastrófico de la criminalidad en las calles o acaso la conciencia de que «la inmensa dimensión del mal que se manifiesta en las tiranías modernas ha socavado toda fe en la importancia capital de la lealtad a la ley? ¿No se ha demostrado suficientemente, además, que las campañas de desobediencia civil, organizadas con habilidad, pueden ser muy efectivas y ocasionar cambios legales deseables?».[1] En cualquier caso, las ponencias concretas que Eugene V. Rostow pidió a los participantes aportaron una visión algo más amable de las cosas. Una de las contribuciones proponía discutir «la relación moral del ciudadano con el ordenamiento legal en una sociedad basada en el consenso». Los comentarios que siguen son un intento de corresponder a esta propuesta. La mayor parte de la bibliografía sobre este tema se basa en dos hombres célebres que estuvieron en prisión: Sócrates en Atenas y Thoreau en Concord. Su comportamiento es un puro gozo para los juristas porque al parecer prueba que la desobediencia a la ley sólo puede justificarse si el infractor está dispuesto a (o incluso ansioso de) asumir el castigo por su acto. Pocos dejarían de coincidir con la opinión de Philip A. Hart: «Mi grado de comprensión del desobediente depende de su disposición a asumir también el castigo que le imponga la ley».[2] Este argumento deja traslucir cómo se entiende o malentiende popularmente a Sócrates, pero parece que se trata de una forma de pensar que gana peso en este país debido a «uno de los absurdos más graves de nuestro derecho, que anima al ciudadano particular, o incluso en cierto modo le obliga, a crear un derecho esencialmente legítimo mediante un acto de desobediencia civil».[3] Por medio de este absurdo se produce en teoría un matrimonio curioso y, como veremos, no completamente feliz entre moralidad y legalidad, entre conciencia y constitución.

Ya que «nuestro derecho dual no excluye la posibilidad de un conflicto entre el derecho de los estados particulares y el derecho de la Unión»,[4] podría decirse sobre el movimiento de los derechos civiles en su fase temprana que, a pesar de sus contravenciones claras de los ordenamientos y las leyes de los estados del sur, no ha hecho sino «apelar en nuestro sistema federal a la ley y la autoridad de la nación más allá de la ley y la autoridad de los estados particulares». Lo que significa más o menos que «sin ninguna duda las disposiciones legales de los estados federados particulares* eran según el derecho federal nulas de antemano», que «la desviación del derecho» está «exclusivamente del otro lado»** y que, con todo, durante cien años no se ha reconocido la validez del derecho federal.[5] A primera vista esta interpretación parece ofrecer considerables ventajas. La principal dificultad jurídica: hacer compatibles la desobediencia civil y el sistema legal de este país, es decir, el problema de que «la infracción de la ley no puede justificarse por medio de la ley»,[6] parece quedar genialmente resuelta gracias al dualismo del ordenamiento legal americano y a la equiparación de la desobediencia civil con la infracción premeditada de una ley para verificar la constitucionalidad de ésta.[7] Otra ventaja, al parecer, es que el derecho americano, a diferencia de otros sistemas legales, ha encontrado,

---

* Se alude a la segregación racial amparada por la ley (N. del t. al alemán).
** Es decir, del lado de los oponentes a la integración (N del t. al alemán).

también gracias a su constitución dualista, un lugar muy visible para aquella «ley superior» en cuya existencia «insiste la ciencia del derecho de una forma u otra».[8]

Requeriría una gran capacidad de ocurrencia defender esta doctrina en el plano teórico, pues la conducta de alguien que pone a prueba la legalidad de una ley infringiéndola «apenas, o en absoluto, puede denominarse desobediencia civil».[9] Aquel que en virtud de una fuerte convicción moral niega la obediencia y apela en sus actos a una «ley superior» se extrañaría bastante si le exigieran reconocer en las sentencias emitidas desde hace siglos por el Tribunal Supremo la expresión de aquella ley que estaría por encima de todas las demás leyes y cuyo rasgo principal sería la invariabilidad. En todo caso, esta doctrina quedaría refutada en la realidad si la desobediencia del movimiento por los derechos civiles convergiera sin incidentes con la resistencia del movimiento pacifista, que vulnera claramente las leyes federales. Y tal refutación sería definitiva si el Tribunal Supremo se negara a sentenciar sobre la legalidad de la guerra del Vietnam invocando la naturaleza política del conflicto («political question doctrine»), es decir, el mismo argumento utilizado para aceptar durante tanto tiempo las leyes anticonstitucionales de los estados del sur sin la menor limitación.

Entretanto el número de los actores reales y potenciales de la desobediencia civil ha crecido constantemente (por «potenciales» hay que entender aquellos que se han ofrecido voluntarios para protagonizar acciones de protesta en Washington). Al mismo tiempo crece la tendencia del gobierno a tratar a los que protestan o bien como criminales comunes o bien a exigir de ellos el máximo precio de su sinceridad, esto es, el «autosacrificio»: quien se ha opuesto al derecho vigente debe «aceptar voluntariamente su castigo». (Harrop A. Freeman ha mostrado acertadamente el absurdo de esta exigencia desde la perspectiva del abogado: «Ningún abogado dice ante el tribunal: Señorías, este hombre quiere ser castigado».[10] Que se insista en esta alternativa insatisfactoria e inadecuada posiblemente sólo se explica «en un periodo de disturbios», cuando «la diferencia entre tales violaciones ejemplares de la ley [perpetradas para verificar la constitucionalidad de la misma] y los delitos comunes es cada vez más imperceptible», y cuando lo que se desafía no son leyes regionales sino «el poder legislativo nacional».[11]

Sean cuales sean las causas reales de esta fase de disturbios –y naturalmente se trata de motivos objetivos y políticos– la confusión, la polarización y la creciente amargura que caracterizan la actual discusión también son una consecuencia del rechazo a enfrentarse adecuadamente en el plano teórico, que es donde corresponde, con el fenómeno y a comprender su verdadero carácter. Siempre que los abogados buscan justificar un caso de desobediencia civil con un fundamento ético siguen el ejemplo de la objeción de conciencia o bien el de un recurso de inconstitucionalidad de una ley. Sin embargo, el problema es que no hay ninguna analogía entre la desobediencia civil y estos dos casos modelo por el sencillo hecho de que la desobediencia civil nunca se manifiesta como la acción de un único individuo. El protagonista de la desobediencia civil sólo puede serlo en tanto que miembro de un grupo, y como tal afirmarse. Raramente, o de forma muy tangencial, se tiene en cuenta esta circunstancia: «La desobediencia civil de un particular apenas conseguirá nada. Se tendrá a ese individuo por un excéntrico al que resultará mucho más interesante observar que reprimir. La desobediencia civil sólo adquiere importancia cuando la protagoniza un buen número de personas que constituye una comunidad de intereses».[12] Ya en el caso de los Freedom Riders[13] llamaba la atención que la «desobediencia indirecta», esto es, la contravención de leyes contra las que el desobediente no tiene en principio nada que objetar (por ejemplo, la regulación del tráfico) fuera un distintivo principal de la auténtica acción de protesta contra prescripciones legales injustas, contra la política del gobierno o contra disposiciones oficiales, y que este procedimiento, denominado con razón desobediencia civil «en sentido estricto»,[14] presupusiera que es un grupo el que actúa (imagínese, en cambio, que fuese un particular el que infringiera la regulación del tráfico).

Una justificación jurídica de dicha «desobediencia indirecta» es aparentemente imposible, pues esta forma de desobediencia no tendría absolutamente ningún sentido en el caso del objetor de conciencia o de aquel que vulnerara una ley para verificar su constitucionalidad. Por eso hay que diferenciar entre la objeción por motivos de conciencia y la desobediencia civil. En el caso de esta última se trata en realidad de una minoría organizada que se une menos por un interés común que por una opinión común y por la decisión de oponerse a una política del gobierno, que, según suponen fundadamente, tiene un apoyo mayoritario. Su acción conjunta proviene de un acuerdo recíproco y es precisamente esta coincidencia lo que da credibilidad y fuerza de convicción a su postura, independientemente de la manera como hayan llegado a ella. Los argumentos que apelan a la defensa de la conciencia de un particular o de una actitud individual, esto es a imperativos morales y a una «ley superior» terrenal o trascendental,[15] son inadecuados a la desobediencia civil; a este nivel no sólo es «difícil» sino inevitable que la «desobediencia civil [se convierta] en una filosofía de la subjetividad... de un individualismo tal que franquea a cualquiera el camino de despreciar la ley por cualquier motivo».[16]

I

Los ejemplos de Sócrates y Thoreau no sólo aparecen siempre en la bibliografía sobre nuestro tema sino, lo que es mucho más importante, que además los conoce el desobediente mismo. Cuando se ha sido educado en la conciencia occidental tradicional –¿y quién no lo ha sido?– parece muy natural considerar la coincidencia con los demás una cosa secundaria respecto a la decisión tomada *in foro conscientiae*,[17] como si lo que se comparte con los demás no fuera una opinión o un juicio sino una conciencia común. Y puesto que los argumentos utilizados para apoyar esta posición habitualmente provienen del recuerdo más o menos vago de lo que Sócrates o Thoreau dijeron sobre la «relación moral del ciudadano con la ley», lo mejor será empezar estas reflexiones con un breve repaso de lo que ambos dijeron efectivamente respecto a esta cuestión.

Por lo que respecta a Sócrates, el texto decisivo es, naturalmente, *Critón*, de Platón, donde, sin embargo, la argumentación es mucho menos clara y sin duda mucho menos útil como prueba de la exigencia de alegre sumisión al castigo de lo que los libros de texto jurídicos y filosóficos nos dicen. En primer lugar, es un hecho que Sócrates durante su proceso nunca puso en cuestión la ley misma sino sólo el error judicial, esa «desgracia» (νύχη) que le había tocado, como él decía. De su destino personal no concluyó el derecho a «romper su contrato y su acuerdo» con las leyes: su conflicto no era con las leyes sino con los jueces. Es más, cuando Critón intentó durante el proceso convencerlo de que se exiliara, Sócrates le replicó que efectivamente las leyes le ofrecían esa posibilidad: «Aún más, te hubiera sido posible, durante el proceso mismo, proponer para ti el destierro», le hace decir a la voz imaginaria de la ley, «y hacer entonces, con el consentimiento de la ciudad, lo que ahora intentas hacer contra su voluntad. Entonces tú te jactabas de que no te irritarías, si tenías que morir, y elegías, según decías, la muerte antes que el destierro».[18] También sabemos por la *Apología* que Sócrates tuvo la elección de renunciar a examinar públicamente las cosas tal como eran, actitud que sembraba la duda y la inseguridad respecto a las costumbres y creencias dadas, pero también en este caso queda claro que prefirió la muerte, ya que «una vida sin examen [de sí mismo] no merece ser vivida por el hombre» (38a). Si Sócrates hubiera emprendido la huida, no hubiera mantenido su palabra, todo aquello por lo que se había esforzado en el proceso hubiera sido en vano y «confirmarás para tus jueces la opinión de que se ha sentenciado rectamente en el proceso» (53b). Él mismo fue tan culpable de quedarse y morir como aquellos a los que se había dirigido: sus conciudadanos. «Se trata de un *gentleman* que salda una deuda de honor, que ha perdido una apuesta y paga porque, si no, no podría vivir en armonía consigo mismo. De hecho, se ha firmado un contrato (el concepto de contrato preside toda la segunda parte del *Critón*); pero... el contrato vinculante... *es la obligación* (de Sócrates ante las leyes de la *polis*) *de las que se trata en este proceso*»[19] (el subrayado es mío).

A primera vista, el caso Thoreau, aunque es mucho menos dramático (por negarse a pagar el impuesto electoral a un gobierno que toleraba la esclavitud pasó una noche en prisión, siendo liberado la mañana siguiente por su tía) parece tener más relevancia para nuestro presente debate, ya que, a diferencia de Sócrates, Thoreau dirigió su protesta contra la injusticia de la ley misma. La dificultad en este caso consiste en que en *La desobediencia civil*, el célebre ensayo que nació de este incidente y convirtió el concepto «desobediencia civil» en parte de nuestro vocabulario político, Thoreau no apeló a la relación moral del *ciudadano* con la ley, sino a la conciencia individual y a la consiguiente obligación moral: «El hombre no está necesariamente obligado a dedicarse a la erradicación de la injusticia por monstruosa que sea. Puede dedicarse con decencia a otros asuntos, pero como mínimo es su deber no comprometerse con la injusticia y si eso no le preocupa, al menos no apoyarla en la práctica». Thoreau no afirma ni que el mundo mejoraría sin comprometerse con él ni que el hombre esté obligado a ello. El hombre ha venido «a este mundo para vivir, mal o bien, en él pero no necesariamente para mejorarlo, para que se viva bien en él». De hecho, así venimos todos a este mundo y tenemos suerte si él y la zona de él a la que llegamos, son buenos para vivir en el momento de nuestra llegada o como mínimo lugares donde no «te conviertas indispensablemente en el brazo ejecutor de las injusticias cometidas contra otro». Pues si este es el caso, «entonces yo te digo, infringe la ley». Y Thoreau tiene razón: es lo que exige la conciencia individual.[20]

En este ejemplo, como en muchos otros, la conciencia es apolítica. Ni se interesa prioritariamente por el mundo en que se comete la injusticia ni en las consecuencias que ésta tiene para el transcurso futuro del mismo. No dice como Jefferson: «Tiemblo *por mi patria* al pensar que Dios es justo y que su justicia no puede dormir eternamente»,[21] porque la conciencia tiembla por el yo individual y su integridad. Por eso puede ser mucho más radical y decir con Thoreau: «Este pueblo tiene que acabar con la esclavitud y con la guerra de México, *aunque le cueste su existencia*» (subrayado mío). En cambio, para Lincoln, que luchaba también por la liberación de los esclavos, «el objetivo principal [es] la salvación de la Unión y no... el mantenimiento o la abolición de la esclavitud».[22] Lo que no significa, sin embargo, que Lincoln no se diera cuenta «de la inmensa injusticia de la esclavitud», como había manifestado ocho años antes, sino que también se daba cuenta de la diferencia entre su «deber oficial» y su «deseo personal de que los hombres puedan ser libres en todas partes».[23] A fin de cuentas, esta diferencia, haciendo abstracción de las circunstancias históricas, siempre complejas y contradictorias, es exactamente la misma que expresó Maquiavelo: «Mi patria es más preciada para mí que mi alma».[24] La discrepancia entre «deber oficial» y «deseo personal» no significa que Lincoln no supiera qué es el deber moral, así como tampoco la discrepancia entre patria y alma prueba la tesis de que Maquiavelo fuera un ateo y no creyera en la salvación o la condenación eternas.

Este posible conflicto entre el «hombre bueno» y el «buen ciudadano» (según Aristóteles este hombre bueno sólo podría ser un buen ciudadano en un buen Estado; según Kant incluso un «pueblo de demonios... [siempre que tengan entendimiento]»[25] podría solucionar con éxito el problema de la construcción del Estado), entre el yo individual por un lado –crea o no en una vida después de la muerte– y el miembro de la colectividad por el otro, entre moral y política es muy antiguo, incluso más antiguo que la palabra «conciencia» [*Gewissen*], cuyo significado actual es relativamente reciente. La justificación para ambas posiciones es casi igual de antigua. Consecuentemente, Thoreau reconocía y también confesaba que podía hacérsele el viejo reproche dirigido al «hombre bueno», es decir, «la irresponsabilidad». Dijo explícitamente: «No soy responsable de que la maquinaria de la sociedad funcione correctamente. No soy hijo de relojero». El dicho «*Fiat justitia et pereat mundus*» (el derecho tiene que seguir su curso aunque el mundo perezca), que habitualmente sirve como reproche a los defensores de una justicia absoluta, alcanza el núcleo del dilema y se cita a menudo cuando se trata de disculpar la injusticia y el crimen.

Es distinta la cuestión de «que el problema de la desobediencia a la ley no puede situarse en absoluto en el terreno de la moral individual».[26] La voz de la conciencia no sólo es impolítica sino siempre extremadamente subjetiva. Cuando Sócrates decía, «es más vergonzoso cometer injusticia que sufrirla», se refería sin duda a que era «más vergonzoso» para *él*, igual que también consideraba mejor que «muchos hombres no estén de acuerdo conmigo y me contradigan, antes de que yo, que no soy más que uno, esté en desacuerdo conmigo mismo y me contradiga».[27] Pero políticamente hablando sólo cuenta que la injusticia ha tenido lugar y a la ley le es indiferente a quien le resulta mejor, si al autor o a la víctima. Nuestros libros de leyes distinguen entre delitos que exigen una inculpación porque representan una ofensa a la comunidad entera e infracciones en las que sólo están implicados el autor y la víctima y se deja a ésta última la decisión de proceder o no judicialmente. En el primer caso no entra en consideración el estado espiritual de los implicados, a no ser que se aprecien premeditación o circunstancias atenuantes eventuales. No es importante si el perjudicado está dispuesto a perdonar o si puede descartarse completamente que el autor reincida.

En el *Gorgias*, Sócrates no se dirige directamente a los ciudadanos de Atenas como en la *Apología* o en la argumentación de la *Apología* que aparece en el *Critón*. Aquí Platón deja hablar al Sócrates filósofo, que ha descubierto que el hombre no sólo tiene que cultivar el trato con el prójimo sino también consigo mismo y que esta forma de contacto –la del yo con el sí mismo– establece las primeras reglas definidas. Se trata de las prescripciones de la conciencia que son –análogamente a las proclamadas por Thoreau en su ensayo– de tipo totalmente negativo. No dicen lo que hay que hacer sino lo que hay que permitir. No establecen ningún principio para la acción sino que marcan fronteras que no deben sobrepasarse. Advierten: no hagas mal, ya que de lo contrario tendrás que convivir con un malhechor. En los diálogos tardíos (*Sofista* y *Teeteto*), Platón se ocupa de este trato socrático del yo con el sí mismo y define el pensar como el diálogo silencioso entre estas dos esferas; diálogo en el que desde un punto de vista existencial es preciso, como en cualquier otra conversación, que los interlocutores sean amigos. La validez de las formulaciones socráticas depende de la naturaleza interior de aquel que las expresa y de aquel a quien se dirigen. Le aclaran al hombre cosas sobre sí mismo siempre que éste sea un ser pensante. Para aquellos que no piensan, que no cultivan el trato consigo mismos, no son forzosamente evidentes y menos aún demostrables.[28] Conforme a Platón, esta gente –la «masa»– sólo puede interesarse seriamente por sí misma si creen en un más allá mítico con premios y castigos.

Por lo tanto, el punto capital de toda prescripción de conciencia es el interés por uno mismo, lo que para el hombre significa: guárdate de hacer nada con lo que después no puedas vivir. Mediante el mismo argumento «acentuaba Camus que el individuo que se oponía necesitaba combatir la injusticia *por su salud y bienestar propios*»[29] (el subrayado es mío). Las dificultades políticas y jurídicas de una justificación semejante son de dos tipos. Por un lado no pueden generalizarse, tienen que ser subjetivas para conservar su validez. Aquello con lo que yo no puedo vivir puede no perturbar la conciencia de otro. Al fin y al cabo se trata de una conciencia contra otra conciencia: «Si la decisión de infringir la ley depende realmente de la conciencia del particular, difícilmente puede afirmarse desde un punto de vista jurídico hasta qué punto el doctor King está en mejor posición que el gobernador de Mississippi, Ross Barnett, que también estaba firmemente convencido de su causa y dispuesto a ir a prisión».[30] La segunda dificultad, probablemente más seria, consiste en que la conciencia, si no la definimos metafísicamente, no sólo supone la capacidad humana innata de discernir entre lo justo y lo injusto sino el interés del hombre en sí mismo, ya que la obligación sólo se traduce en un determinado comportamiento en virtud de tal interés. Y apenas puede presuponerse que este autointerés sea obvio. Aunque sabemos que los hombres son capaces de pensar y de tratar consigo mismos, no sabemos cuántos pueden permitirse el lujo de este comercio más bien poco lucrativo. Sólo podemos afirmar que el hábito de repensar y reflexionar sobre lo que se hace es independiente de la condición social, de la educación o del nivel intelectual. En este, como en muchos otros aspectos, el «hombre bueno» y el «buen ciudadano» no son idénticos (no sólo en el sentido aristotélico sino en ninguno). A los hombres buenos sólo se les identifica en situaciones de emergencia, en las que aparecen de pronto, como de la nada, en todos los estratos sociales. El buen ciudadano en cambio tiene que llamar la atención; es posible estudiárselo y llegar a la conclusión, no precisamente reconfortante, de que pertenece a una pequeña minoría: por regla general es culto y de clase social alta.[31]

El problema de cuál sea el peso político que hay que atribuir a las decisiones morales –tomadas *in foro conscientiae*– se complicó notablemente con el significado advenido, originariamente religioso y después mundanizado, que adquirió el término «conciencia» bajo la influencia de la filosofía cristiana. Al usar hoy día la palabra conciencia en contextos tanto morales como legales suponemos en nosotros la presencia constante de la conciencia [*Gewissen*] como si fuera idéntica con el conocimiento [*Bewußtsein*]. (De hecho, durante mucho tiempo la lengua no diferenciaba ambos conceptos y en algunas lenguas, por ejemplo la francesa, nunca se ha distinguido entre conocimiento y conciencia.)*
La voz de la conciencia era la voz de Dios y proclamaba la ley divina antes de convertirse en la *lumen naturale* que informaba al hombre sobre una ley superior. En tanto que voz de Dios, prescribía al hombre reglas positivas, cuya validez consistía en el mandato de «obedecer más a Dios que al hombre». Dicho mandato era objetivamente vinculante sin más referencia, así que podía, según la Reforma, dirigirse incluso contra la Iglesia supuestamente inspirada por Dios. A oídos modernos tal cosa suena a una «autoinvestidura de poderes» que «linda con la blasfemia», ya que representa la arrogante pretensión de conocer la voluntad de Dios y tener la certeza de su aprobación última.[32] La voz de la conciencia era la voz de Dios y proclamaba la ley divina antes de convertirse en la *lumen naturale* que informaba al hombre sobre una ley superior. En tanto que voz de Dios, prescribía al hombre reglas positivas, cuya validez consistía en el mandato de «obedecer más a Dios que al hombre». Dicho mandato era objetivamente vinculante sin más referencia, así que podía, según la Re-

---

* En español también traducimos *Bewußtsein* y *Gewissen* indistintamente por «conciencia». Si marcamos aquí la diferenciación es para que se entienda mejor el significado en cada caso. (N. del t.)

forma, dirigirse incluso contra la iglesia supuestamente inspirada por Dios. A oídos modernos tal cosa suena a una «autoinvestidura de poderes» que «linda con la blasfemia», ya que representa la arrogante pretensión de conocer la voluntad de Dios y tener la certeza de su aprobación última. De manera completamente diferente sonaba al creyente que creía en un creador que se había manifestado a la única criatura creada a su imagen. Pero no puede negarse la naturaleza anarquista de las decisiones de conciencia inspiradas por Dios, especialmente en los inicios del cristianismo.

Por eso la ley reconoció –relativamente tarde y no en todos los países– a los objetores por motivos religiosos, pero sólo si estos invocaban la ley divina de una comunidad religiosa reconocida que una colectividad influida por el cristianismo difícilmente podía ignorar. De ahí que la profunda crisis actual de las diferentes iglesias, así como el creciente número de objetores que a pesar de serlo por motivos de fe afirman no tener ninguna relación con instituciones religiosas, hayan generado grandes dificultades, que no desaparecen por el hecho de someterse a una pena en lugar de apelar a una ley superior reconocida públicamente y ratificada religiosamente. «La idea de que el cumplimiento de una pena justifica la vulneración de la ley no proviene de Gandhi y la tradición de la desobediencia civil sino de Oliver Wendell Holmes y la tradición del derecho realista ... En el terreno del derecho penal... tal doctrina es... evidentemente absurda. La asunción de que el asesinato, la violación o el incendio intencionado se justifican por la disposición a cumplir voluntariamente la pena es un sin sentido».[33] Es lamentabilísimo que a ojos de mucha gente un «elemento de autosacrificio» sea la mejor prueba de la «intensidad del compromiso interior»,[34] de la «seriedad del objetor y su lealtad a la ley»,[35] pues el fanatismo obsesivo es generalmente un síntoma de chifladura y en cualquier caso imposibilita una discusión racional al respecto.

Además hay una enorme diferencia entre la conciencia de un creyente que oye la voz divina o sigue el mandato de la *lumen naturale* y la conciencia estrictamente secular –aquel conocerse-a-sí-mismo y hablar-consigo-mismo– que según Cicerón es mejor testimonio que mil testigos de actos que de otro modo se olvidarían. Es igualmente aquella conciencia que se expresa de manera tan magnífica en *Ricardo III*: «Sólo le trae a uno problemas»; la conciencia no acompaña constantemente al rey sino que le habla cuando está solo; pierde su poder sobre él cuando ha pasado la medianoche y está de nuevo entre sus iguales. Y es entonces, cuando ya no está solo consigo mismo que dice: «Conciencia es una palabra sólo para cobardes / pensada para frenar a los fuertes». El temor de estar a solas consigo mismo y de tener que rendir cuentas ante sí mismo puede ser eficaz para disuadir a alguien de una mala acción; sin embargo, dicho temor esencialmente no tiene ningún poder de convicción sobre los demás. Es verdad que esta forma de no aceptación incluso puede reclamar significado político por motivos de conciencia, y aún más si una serie de gente coincide en sus conciencias y decide hacer público su rechazo y conseguir que se la escuche. Pero entonces ya no nos las habemos con personas particulares o con un fenómeno que pueda juzgarse en el sentido de Thoreau o Sócrates. Lo que se ha decidido *in foro conscientiae* es ahora parte de la opinión pública y si este grupo específico que practica la desobediencia civil apela a su instancia justificadora originaria –la conciencia– en realidad sus miembros ya no cuentan sólo con ellos mismos. En el foro público, el destino de las voces de la conciencia y de la sabiduría del filósofo es muy parecido: se convierten en opiniones que no pueden distinguirse de las otras opiniones. Y el poder de una opinión no depende de la conciencia sino del número de los que la comparten: «la coincidencia unánime en que "X" es malo... hace más creíble suponer que "X" es malo».[36]

II

La desobediencia, tanto civil como criminal, a la ley se ha convertido en los últimos tiempos en un fenómeno masivo no sólo en América sino en muchas otras partes del mundo. Podría afirmarse que la decadencia universal de la autoridad establecida, sea religiosa o secular, social o política, es el acontecimiento más sobresaliente de la última década. De hecho, «las leyes parecen haber perdido su poder».[37] Visto desde fuera y con perspectiva histórica es difícil captar una advertencia clara, una señal inequívoca de la inestabilidad interior y de la vulnerabilidad de los sistemas de gobierno y ordenamientos legales existentes. Si algo nos enseña la historia sobre las causas de las revoluciones –es verdad que no se puede aprender mucho de la historia pero siempre bastante más que de las teorías formuladas por las ciencias sociales– es que a una revolución siempre la precede la desintegración del sistema político, y que el síntoma característico de esta desintegración es la progresiva merma de autoridad de un gobierno. Y que esta merma a su vez es consecuencia del hecho de que el gobierno no cumple completamente su función, provocando dudas acerca de su legitimidad a los ciudadanos. Los marxistas denominaban este estado de cosas una «situación revolucionaria», que, naturalmente, la mayoría de las veces nunca conducía al estallido de una revolución.

En nuestro contexto es un ejemplo pertinente la preocupante amenaza a la administración de justicia en los Estados Unidos. El trasfondo que permite comprender la queja contra el «canceroso aumento de la violación de las leyes»[38] es el hecho de que el poder ejecutivo ya hace muchos años que no es capaz de forzar el cumplimiento de las leyes contra el tráfico de drogas, los allanamientos y los atracos. Si tenemos en cuenta que en el caso de estos delitos los infractores tienen una posibilidad de más de nueve contra uno de que no se les coja, y que sólo uno de cada cien irá a parar a la cárcel, no es infundado sorprenderse de que dichas formas de criminalidad no hayan adquirido proporciones todavía peores. (Según el informe aparecido en 1967 de la «Commission on Law Enforcement and Administration of Justice», creada por el presidente, «mucho más de la mitad de todos los actos criminales no se denuncian nunca a la policía», y menos de una cuarta parte de estas denuncias dan lugar a una detención. Los procesos contra casi la mitad de todas las detenciones se sobreseen».)[39] Es como si estuviéramos inmersos en un experimento de alcance nacional para averiguar la cantidad de criminales potenciales que hay en una determinada sociedad, esto es, la cantidad de aquellos que sólo se abstienen de delinquir a causa de la fuerza disuasoria de la ley. El resultado podría desanimar a los que consideran todo impulso criminal como un comportamiento anormal, quiero decir, como impulsos propios de enfermos mentales que actúan condicionados por su enfermedad. La verdad simple y bastante espantosa es que en determinadas circunstancias existe una permisividad legal y social ante acciones criminales insólitas de gente que en condiciones normales quizá soñaría pero jamás pensaría seriamente cometer.[40]

En la sociedad actual ni los potenciales infractores de la ley (esto es, criminales no organizados que no actúan profesionalmente) ni los ciudadanos temerosos de la ley tienen necesidad de estudios cuidadosamente elaborados para darse cuenta de que previsiblemente los actos criminales no tendrán consecuencias jurídicas. Para nuestra desgracia hemos aprendido que hay que temer menos al crimen organizado que a los gángsters no profesionales, que operan tan pronto se da una oportunidad mostrando una total «despreocupación por la condena con la que están en lo cierto». Y los proyectos de investigación sobre la «confianza del público en la judicatura americana» ni cambian en nada esta situación ni contribuyen a clarificarla.[41]

Lo que nos inquieta de la justicia no es la vía procesal sino el simple hecho de que las acciones criminales habitualmente no tienen consecuencias legales y que, por lo tanto, el proceso ni siquiera tiene lugar. Además, hay que preguntarse qué pasaría si se restableciera proporcionadamente el poder policial y el 60 o 70 por ciento de todos los delitos condujeran como es debido a la detención y al enjuiciamiento. ¿Acaso no provocaría eso el descalabro de los tribunales –de todos modos ya catastróficamente desbordados– y unas consecuencias terribles para las cárceles, igualmente saturadas? Lo terrible de la situación actual no es en sí mismo que la fuerza policial no funcione sino también la circunstancia de que reparar radicalmente tal estado de cosas tendría efectos catastróficos sobre los demás ámbitos, igualmente importantes, de la administración de justicia.

El gobierno, ante esta y similares debacles evidentes del servicio público, responde impertérrito con la creación de comisiones de investigación, cuya fantástica proliferación en los últimos años ha hecho de los Estados Unidos el país probablemente más investigado de la Tierra. Sin duda, las comisiones consiguen formular recomendaciones razonables sólo después de haber derrochado mucho tiempo y dinero para descubrir que «cuanto más pobre es la gente más sufre de desnutrición» (una genialidad que hasta el *New York Times* convirtió en cita del día).[42] Tales recomendaciones, sin embargo, raramente van seguidas de acciones sino que se convierten a su vez en objeto de nuevas investigaciones. El denominador común de todas las comisiones es el intento desesperado de descubrir algo sobre las «causas más profundas» del problema respectivo (especialmente si se trata de la cuestión de la violencia). Puesto que las causas más profundas están por definición ocultas, generalmente de tales equipos de investigación no surgen más que hipótesis y teorías sin demostrar. Su único efecto es que la investigación se convierte en sustituto de acciones y que las «causas más profundas» tapan las evidentes, que a menudo son de naturaleza tan simple que no puede exigirse a nadie «serio» e «instruido» que les dedique su atención. Aunque se descubran remedios contra los defectos evidentes, todavía no existe ninguna garantía de solucionar el problema, pero prescindir de tales remedios querría decir que éste ni siquiera está suficientemente definido.[43] La investigación se ha convertido en una técnica para eludir los temas, lo que seguramente no mejora la fama de la ciencia, ya bastante mermada.

Puesto que la desobediencia y el desprecio a la autoridad se han convertido en distintivos generales de nuestro tiempo, es natural la tentación de considerar la desobediencia civil meramente como un caso especial. Desde el punto de vista de los juristas la ley no queda menos vulnerada por un acto de desobediencia civil que por un delito criminal. De ahí que sea comprensible que algunos, sobre todo abogados, consideren que la desobediencia civil practicada a plena luz pública es la raíz de toda la gama de delitos,[44] y los argumentos y pruebas en contra no sirven para nada. La prueba «de que hay actos de desobediencia civil... que favorecen la inclinación al crimen» no sólo es «insuficiente» sino que ni siquiera existe.[45] Es verdad que los movimientos radicales y sin duda las revoluciones atraen elementos criminales, pero no sería correcto ni inteligente equiparar unos y otras; para un movimiento político los criminales son tan peligrosos como para toda la sociedad. Es más, si bien puede verse la desobediencia civil como señal (pero no causa) de una importante pérdida de autoridad de la ley, la desobediencia criminal no es más que la consecuencia obligada de la catastrófica merma de competencias y de poder de la policía. Las propuestas de estudiar la «psique criminal» por medio de test de Rohrschach o con la ayuda de servicios de inteligencia suenan siniestras pero también son meras técnicas evasivas. Una marea inacabable de hipótesis alambicadas sobre la *psique* –el más inaprensible de todos los atributos humanos– de lo criminal sepulta bajo sí el hecho cierto de que nadie está en condiciones de apoderarse físicamente de ella. Igualmente, mediante la hipotética suposición de que hay «disposiciones negativas latentes» en la policía se disimula el negativo rendimiento de ésta a la hora de capturar a los delincuentes.[46]

La desobediencia civil surge cuando una cantidad significativa de ciudadanos se convence o bien de que los canales utilizados tradicionalmente para conseguir cambios ya no están abiertos o a través de ellos no se escuchan ni se atienden sus quejas o bien de que, al contrario, es el gobierno quien unilateralmente impulsa los cambios y persiste en una línea cuya legalidad y constitucionalidad despierta graves dudas. Los ejemplos son abundantes: la guerra no declarada de Vietnam, que ya va por su séptimo año; la influencia creciente del servicio secreto en los acontecimientos públicos; los patentes o apenas disimulados ataques a las libertades garantizadas por la primera enmienda constitucional; los intentos de arrebatar al senado el poder que le otorga la constitución, intentos a los que siguió la invasión de Camboya, ordenada por el presidente en franco desprecio de la constitución (pues ésta prescribe explícitamente que no se puede estar en guerra sin el consentimiento del Congreso); por no hablar del fatal comentario del vicepresidente referente a que los objetores y todos los que tienen una manera diferente de pensar son «buitres y parásitos de los que nuestra sociedad tiene que deshacerse sin perjuicio, lamentándolo tan poco como cuando desechamos las manzanas podridas» (un comentario que pone en cuestión no sólo las leyes de los Estados Unidos sino cualquier ordenamiento legal).[47] En otras palabras, la desobediencia civil puede orientarse o bien a un cambio necesario y deseable o bien al mantenimiento o restablecimiento necesarios y deseables del *statu quo* (al mantenimiento de derechos constitucionales o al restablecimiento del justo equilibrio de poder dentro del sistema de gobierno, equilibrio amenazado tanto por el ejecutivo como por el crecimiento enorme del poder federal a costa de los derechos de los estados). En ninguno de los dos casos se puede equiparar desobediencia civil y desobediencia criminal.

Hay una diferencia inmensa entre el criminal que teme la luz pública y el desobediente civil que se toma la ley por su mano con actitud abiertamente desafiadora. Esta diferencia entre la contravención al descubierto, delante de los ojos de todo el mundo y la infracción oculta es tan palmaria que sólo una opinión preestablecida o la mala voluntad podrían ignorarla. Todos los autores serios que se han ocupado de ella la han reconocido e indudablemente es la condición principal de los argumentos que sostienen que la desobediencia civil es compatible con la constitución y con las instituciones del sistema de gobierno americano. Téngase en cuenta que el delincuente habitual actúa exclusivamente en interés propio, incluso cuando pertenece a alguna organización criminal. Rechaza someterse al consenso de todos los demás y sólo se doblega ante la violencia física de órganos ejecutores. El desobediente civil, en cambio, actúa en nombre y en beneficio de un grupo aunque generalmente se oponga a una mayoría. Se enfrenta a la ley y a las autoridades establecidas por principio y no porque intente que no le atrapen si hace algo anómalo a título particular. Cuando el grupo al que pertenece es lo suficientemente relevante por número y por prestigio, se intenta calificarle de miembro de una «mayoría coincidente», concepto acuñado por John C. Calhoun para designar aquella parte de la población que se pone de acuerdo en una postura discrepante. Desgraciadamente este concepto está lastrado por argumentos racistas y esclavistas y se refiere a una «Disquisition on Government», donde se utiliza sólo en pro del interés (no de las opiniones o convicciones) de minorías que se sienten amenazadas por «mayorías dominantes». Es decir, se trata de minorías organizadas que, en virtud no sólo de su número sino también de la calidad de su opinión, son demasiado importantes como para que no se las tome en consideración. Seguramente, Calhoun tenía razón cuando decía que el «entendimiento recíproco de los miembros de la colectividad» en cuestiones de gran relevancia nacional es condición de un gobierno constitucional.[48] Quien tenga a las minorías indóciles por rebeldes y traidores, choca contra la letra y el espíritu de la constitución americana, cuyos creadores eran especialmente conscientes de los peligros del dominio incontrolado de las mayorías.

De todos los medios de que podrían servirse los artífices de la desobediencia civil para convencer a los demás y difundir su causa sólo uno justificaría que se les denominara «rebeldes»: la violencia. Por lo tanto, la no-violencia se considera generalmente la segunda característica esencial de la desobediencia civil, de lo que se deriva que «la desobediencia civil no significa revolución... Contrariamente al revolucionario el desobediente civil acepta el marco de la autoridad existente y la legalidad general del ordenamiento jurídico».[49] Pero esta última diferencia entre revolucionarios y desobedientes civiles es más difícil de sostener que la diferencia entre desobediencia y criminalidad. El desobediente comparte con el revolucionario el deseo de «cambiar el mundo» y los cambios a que aspira también pueden ser realmente radicales, como es el caso de Gandhi, que siempre se nombra en este contexto como ejemplo máximo de no-violencia. (¿Reconocía Ghandi el «marco de la autoridad existente», o sea, el dominio británico sobre la India? ¿Respetaba la «legalidad general del ordenamiento jurídico» en la colonia?)

«Las cosas de este mundo se encuentran constantemente en un fluir tal que no hay nada que permanezca mucho tiempo en el mismo estado».[50] Si esta frase de Locke, escrita hace aproximadamente trescientos años se hubiera escrito hoy en día sonaría como si se quitara importancia a este siglo. No obstante, nos recuerda que los cambios no son ningún fenómeno exclusivamente moderno sino que pertenecen desde siempre a este mundo habitado y organizado por seres humanos, al que se viene como extranjero o recién llegado (νέοι, los nuevos, como llamaban los griegos a los jóvenes) y que se abandona cuando se ha adquirido el conocimiento y la familiaridad que le permiten a uno en algunas escasas situaciones tener experiencia de la vida, o sea, ser «sabio». Los «sabios» han desempeñado papeles variopintos y a veces importantes en la historia humana, pero siempre eran ancianos a los que faltaba muy poco para desaparecer de este mundo. Su sabiduría, lograda en la inmediata cercanía de su partida, no puede regir un mundo constantemente expuesto a la embestida de la inexperiencia y la «locura» de los recién llegados, y sin esta alternancia continua de la vida y la muerte, de ser y perecer, es de suponer que la humanidad se hubiera muerto de un aburrimiento insoportable hace ya mucho tiempo.

El cambio es un elemento permanente de la *condition humaine*; por el contrario, la velocidad a que tiene lugar, no. Varía fuertemente según el país y el siglo. En comparación con el ir y venir de las generaciones, el curso del mundo es tan lento que ofrece a los que llegan, a los que se quedan y a los que se van un hogar más o menos estable. Como mínimo, así ha sido durante milenios, incluidos los primeros siglos de la era moderna, cuando, en nombre del progreso, surgió por primera vez la noción del cambio por el cambio. Nuestro siglo es quizá el primero en que el ritmo de sucesión de sus habitantes cojea muy por detrás del cambio vertiginoso de las cosas. (Un síntoma alarmante de este desfase es la continua reducción del lapso de tiempo entre las generaciones. Tradicionalmente, tomando como pauta el abismo generacional «natural» entre padres e hijos, tres o cuatro generaciones constituían un siglo. Por el contrario ahora hemos llegado a un punto en que cuatro o cinco años de diferencia de edad son suficientes para que se hable de una diferencia generacional.) Pero incluso a la vista de las extraordinarias circunstancias del siglo XX, en que la exigencia marxista de cambiar el mundo resulta tan superflua como la de echar agua al mar, apenas puede afirmarse que el hombre, a pesar de su apetito de cambios, haya perdido su necesidad de estabilidad. Es conocido de todos que el revolucionario más radical se convierte en un conservador el primer día despúes de la revolución. Evidentemente el hombre no dispone de capacidad ilimitada ni para el cambio ni para la conservación de los estados de cosas, ya que al impulso de cambio lo limita la prolongación del pasado en el presente (nadie empieza *ab ovo*) y al impulso de conservación lo limita la imprevisibilidad del futuro. El afán de cambio del hombre y la necesidad de estabilidad siempre se han limitado recíprocamente equilibrando la balanza, y nuestra actual forma de hablar, que distingue entre partidos progresistas y partidos conservadores, apunta a una situación en que este equilibrio ya no funciona.

Ninguna civilización –esa cáscara artificial creada por el hombre para las sucesivas generaciones– hubiera sido posible jamás sin un marco firmemente trazado dentro del cual tuviera lugar el proceso de cambio. Entre los factores estabilizadores están en primera posición los ordenamientos legales, que regulan nuestra vida en este mundo y nuestro trato diario mutuo, y que son más duraderos que usos, costumbres y tradiciones. De ahí que en una época de rápidas transformaciones la ley parezca inevitablemente un «refrenamiento, un menoscabo negativo para el mundo, que admira los hechos positivos».[51] Considerándolo histórica y geográficamente, hay una multiplicidad de tales ordenamientos legales, pero hay algo que todos tienen en común –circunstancia que justifica que usemos la misma palabra para fenómenos tan diversos como la *lex* romana, el νόμος griego y la *torah* hebrea– y es la circunstancia de haber sido formulados con la intención de garantizar la estabilidad. (Hay otra característica muy general de las leyes, a saber, que su validez no es universal sino territorial o, como en el caso de la ley judía, étnica; pero de esto no nos ocuparemos aquí. Donde faltan la estabilidad y la validez limitada, o sea, donde las denominadas «leyes» de la historia o de la naturaleza, tal como las interpreta el jefe del Estado, mantienen una «legalidad» que puede cambiar de un día para otro y que pretende ser válida para toda la humanidad, nos las habemos de hecho con la ilegalidad, pero no con la anarquía, pues el orden puede mantenerse utilizando como instrumento una coacción organizada. El resultado final es que todo el aparato de gobierno se convierte en criminal, como sabemos por los sistemas de gobierno totalitarios.)

A causa de la velocidad sin precedentes con que todo cambia en nuestros días y del reto que esta transformación conlleva para los ordenamientos jurídicos –tanto por parte del gobierno como por parte de los que no siguen las leyes– actualmente está muy extendida la concepción de que los cambios pueden ser introducidos por las leyes, mientras que la antigua concepción era la de que «el recurso al tribunal (esto es, al Tribunal Supremo) podía tener efectos sobre el modo de vida de los ciudadanos».[52] A mi parecer ambas concepciones parten de una idea errónea sobre la capacidad del derecho. Naturalmente que el derecho puede estabilizar y legalizar los cambios una vez estos ya se han producido, pero tales cambios en sí siempre son resultado de acciones de naturaleza extrajurídica. Aunque es verdad que la constitución ofrece una posibilidad cuasi-legal de contravenir las leyes para cuestionarlas, pero independientemente de si tales infracciones son desobediencia, el Tribunal Supremo tiene el derecho de hacer una selección entre los casos que se le presentan, selección que inevitablemente se realiza bajo la influencia de la opinión pública. Un ejemplo al respecto lo ofrece el rechazo del Tribunal Supremo a debatir la propuesta de ley recientemente aprobada por el estado federal de Massachussets que obligaría a verificar la legalidad de la guerra de Vietnam. ¿Acaso no es evidente que este proceso tan importante fue el resultado de la desobediencia civil de aquellos que se oponían al servicio militar y que inició con el objetivo de legalizar la objeción de conciencia? A toda la legislación laboral –al derecho de negociación del convenio colectivo, al derecho de organización y de huelga– le precedía durante varias décadas la desobediencia, a menudo violenta, contra leyes que al final se han revelado como completamente superadas.

La historia de la catorceava enmienda[53] ofrece quizá un ejemplo especialmente instructivo de las relaciones entre ley y cambio. Con esta enmienda se pretendía dar expresión constitucional a los cambios resultantes de la guerra civil. Pero los estados del sur no aceptaron estos cambios y las disposiciones sobre la igualdad racial no tuvieron ninguna validez durante aproximadamente un siglo. Un ejemplo aún más llamativo de la incapacidad de la ley para imponer cambios es la enmienda constitucional decimoctava, sobre la prohibición del alcohol, que tuvo que suprimirse porque fue imposible imponerla.⁵⁴ La enmienda catorceava se impuso al final mediante una resolución del Tribunal Supremo, pero a pesar de la argumentación de que «proceder contra las leyes de discriminación racial siempre [había sido] un deber inequívoco del Tribunal Supremo»,⁵⁵ es incuestionable que los jueces sólo se vieron movidos a ello después de que los ciudadanos, negros y blancos, cambiaron drásticamente su postura al respecto. Fueron los movimientos ciudadanos, claramente de desobediencia civil, contra leyes de los estados sureños, los que causaron este cambio del modo de pensar. No fue la ley sino la desobediencia civil la que sacó a la luz el «dilema americano» y obligo a la nación a darse por enterada quizá por primera vez de la enorme dimensión de un crimen que no simplemente se llama esclavitud sino que es la única forma de servidumbre «que se mantiene de entre todos los sistemas de este tipo conocidos por la civilización».⁵⁶ Además de las muchas bendiciones, el pueblo ha heredado de sus antepasados la responsabilidad de este crimen.

III

Considerando las circunstancias desde la perspectiva de su rápida mudanza, se impone la suposición de que «a la desobediencia civil le corresponde una relevancia creciente en las democracias modernas».⁵⁷ Si la desobediencia civil se evidenciara realmente como algo que «ya no se puede ignorar», cosa que muchos están aceptando, la pregunta de si es compatible con el derecho es de fundamental importancia. La respuesta a ella podría probablemente decidir si las instituciones de la libertad resistirán la embestida del cambio sin que se produzcan una revolución o una guerra civil. La bibliografía sobre este tema tiende a abogar por la desobediencia civil apoyándose en la reducida base de la primera enmienda constitucional. Esto implica que se afirma la «necesidad de ampliación» de esta enmienda y que se expresa la esperanza «de que las resoluciones futuras del Tribunal Supremo redefinirán teóricamente la importancia de esta enmienda a la constitución».[58] Pero la primera enmienda sólo protege claramente la «libertad de expresión y de prensa». En cambio, es una cuestión controvertida, que se interpreta de diferentes maneras, en qué medida «el derecho del pueblo a reunirse pacíficamente y a solicitar del gobierno satisfacción a sus reclamaciones» también ampara la libertad de actuar. Según las resoluciones del Tribunal Supremo, «la acción no disfruta en virtud de la primera enmienda constitucional del mismo espacio de libertad que la palabra» y «al contrario que la palabra, es [naturalmente] notoria» en el caso de la desobediencia civil.[59]

Aquí, sin embargo, la pregunta no es si (y hasta dónde) la primera enmienda constitucional justifica la desobediencia civil sino con qué *concepto* de derecho es compatible. A continuación demostraré que la desobediencia civil es sobre todo, por origen y por contenido, un fenómeno americano, aunque esté mundialmente extendida y en los Estados Unidos sólo recientemente haya atraído la atención de la ciencias jurídica y política. Ningún otro país y ninguna otra lengua tienen una palabra para designarla y la república americana es el único Estado que al menos tiene la oportunidad de tratar este fenómeno (quizá sin coincidir con la literalidad de sus leyes pero probablemente sí con su *espíritu*). Los Estados Unidos agradecen su nacimiento a la revolución americana, la cual albergó un nuevo concepto del derecho, nunca plenamente formulado, que no era resultado de una teoría, sino que se había formado a partir de las vivencias excepcionales de los primeros colonos. Sería un acontecimiento de primera categoría que en la Constitución se hiciera lugar a la desobediencia civil, un acontecimiento que quizá no fuera menos relevante que la fundación hace casi doscientos años de la *constitutio libertatis*.

El deber moral del ciudadano de obedecer a la ley se ha basado tradicionalmente en la suposición de que éste está de acuerdo con ella o de que es su propio legislador; de que bajo el imperio de la ley nadie está sometido a ninguna voluntad ajena; de que cada uno obedece a sí mismo. Como resultado, cada cual es a la vez su propio señor y su propio siervo, por lo que interioriza el conflicto considerado como característico entre el ciudadano preocupado por el bienestar público y el sí-mismo que persigue su felicidad privada. Esa es la esencia de la solución que Rousseau y Kant dan al problema del deber, solución que según mi parecer tiene el defecto de que vamos a parar otra vez a la conciencia, es decir, a la relación entre yo y sí-mismo.[60] Desde el punto de vista de la ciencia política moderna, el problema es el origen ficticio del consenso: «Muchos... escriben como si hubiera un contrato social o cualquier otra base parecida para la obligación política de obedecer la voluntad de la mayoría», razón por la cual hoy el argumento preferentemente usado es: si se vive en una democracia hay que obedecer la ley, pues se tiene derecho a votar.[61] Pero precisamente esta afirmación, a saber, que el derecho de sufragio universal y de elecciones libres constituye un cimiento suficiente para una democracia y para la aplicación de las libertades públicas está hoy en el punto de mira de la crítica.

A pesar de todo, la propuesta de Eugene Rostow de que es necesario reflexionar sobre «la relación moral del ciudadano con el ordenamiento legal *en una sociedad basada en el consenso*» me parece que toca el punto decisivo. Si Montesquieu tenía razón –y creo que la tenía– al decir que hay algo así como «el espíritu de las leyes», que varía según el país y según la forma de gobierno, podemos decir que el espíritu de las leyes americanas es el consenso. Consenso no en el antiquísimo sentido del consentimiento callado, que distinguía entre dominio sobre sometidos voluntarios y dominio sobre sometidos contra su voluntad, sino en el sentido del apoyo activo a todos los asuntos de alcance público y la participación continuada en ellos. Teóricamente este consenso es resultado de un contrato social cuya forma corriente –el contrato entre un pueblo y su gobierno– puede efectivamente tildarse de mera ficción. Pero no puede hablarse de mera ficción en el caso del periodo de la vida de Norteamérica anterior a la revolución, ya que estuvo lleno de convenios y acuerdos solemnes que van desde el Mayflower Compact hasta la federación de las trece colonias en una unión.[62] Cuando Locke formuló su teoría del contrato social explicando los orígenes de la sociedad civilizada a partir del estado de naturaleza de los hombres, anotó al margen qué modelo tenía presente: «Al principio todo el mundo era América».[63]

Teóricamente en el siglo XVII se conocían y se combinaban bajo la denominación «contrato social» tres tipos diferentes de tales acuerdos originarios. *En primer lugar* estaba el modelo del vínculo bíblico entre un pueblo como totalidad y su Dios, vínculo con el que el pueblo reafirmaba su consentimiento a obedecer todas aquellas leyes que una divinidad todopoderosa les revelara. Si esta versión puritana del consenso se hubiera impuesto se hubiera «instituido la teocracia como mejor forma de gobierno», como John Cotton ha observado con razón.[64] *En segundo lugar* estaba el modelo hobbesiano según el cual cada particular hacía un pacto con la autoridad, en este caso exclusivamente mundana, con el fin de garantizar su seguridad, a cambio de lo cual el particular renunciaba por su parte a todos los derechos y a todo poder. Quisiera llamar a este enfoque la versión vertical del contrato social, que al reclamar para el gobierno un monopolio de poder en interés del bienestar de todos los súbditos (que a su vez no poseen ni derechos ni poder mientras se garantice su integridad física) entra en clara contradicción con la forma americana de entender el Estado. La república americana descansa sobre el poder del pueblo, la antigua *potestas in populo* romana, y todo el poder concedido al gobierno es un poder delegado y puede ser revocado. *En tercer lugar* estaba el contrato social original de Locke que no generaba ningún sistema de gobierno sino una sociedad en el sentido de la *societas* latina, es decir, una «alianza» entre todos los miembros particulares de la sociedad que deliberan sobre la forma de Estado y de gobierno después de que todos hubieran aceptado su obligación recíproca. Quisiera llamar a este planteamiento la versión horizontal del contrato social, que limita el poder de cada miembro particular dejando intacto el poder de la sociedad. Esta sociedad instaura entonces un gobierno «sobre los claros fundamentos de un contrato original entre individuos independientes».[65]

Todos los contratos, todos los pactos y acuerdos descansan sobre la reciprocidad, y la gran ventaja de la versión horizontal del contrato social es que esta reciprocidad vincula a cada miembro de la sociedad con sus conciudadanos. Esta versión horizontal es la única forma de gobierno en que lo que une a los hombres no es la memoria histórica o los lazos étnicos, como en el caso del Estado nacional, ni el Leviatán de Hobbes, que une porque «intimida a todos», sino la fuerza del compromiso mutuo. Lo que desde el punto de vista de Locke significa que la sociedad misma permanece intacta si «el gobierno se disuelve» o rompe su contrato con la sociedad y se convierte en tiranía. Una vez ha sido establecida, y mientras siga existiendo, la sociedad ya nunca puede recaer en la alegalidad y la anarquía del estado de naturaleza original. En palabras de Locke, «el poder que cada particular entrega a la sociedad al ingresar en ésta nunca puede volver al particular mientras la sociedad exista sino que permanecerá para siempre en manos de la comunidad».[66] Esta era, de hecho, una nueva versión de la antigua *potestas in populo*, pues a diferencia de teorías del derecho de resistencia más antiguas, según las cuales el pueblo sólo podía actuar «si estaba encadenado», ahora los hombres tenían el derecho de «evitar» las cadenas, como Locke dice.[67] Cuando los firmantes de la declaración de independencia se «obligaron recíprocamente» a comprometer sus vidas, sus bienes y su honor, para ellos sagrado, expresaban unas experiencias típicamente americanas, así como un modo de pensar marcado por la forma en que Locke había universalizado y conceptualizado estas experiencias.

Si consenso significa que cada ciudadano de la colectividad es miembro voluntario de ésta, evidentemente se puede objetar (excepto en el caso de la nacionalización) que nos encontramos ante una ficción como en el caso del contrato original. Esta objeción es sin duda correcta legal e históricamente pero no existencial y teóricamente. Todo hombre nace miembro de una determinada comunidad y sólo puede sobrevivir en ella si es aceptado y se siente en su hogar. La situación fáctica de un recién nacido contiene implícitamente una cierta forma de consentimiento, es decir, alguna clase de adaptación a las reglas del juego que rigen la interpretación que del gran teatro del mundo hace el grupo específico al que pertenece por nacimiento. Todos vivimos y sobrevivimos gracias a una especie de *consenso tácito*, que, sin embargo, apenas puede calificarse de acuerdo voluntario. ¿Cómo podríamos querer lo que de todas maneras ya es? Pero podría hablarse de voluntariedad en el caso de un niño que nace en una colectividad donde la disensión le será posible legalmente y *de facto* cuando sea adulto. La disensión implica el consenso y es característica de un estado libre; alguien que sabe que puede contradecir también sabe que cuando no contradice, en cierta manera asiente.

El consenso comprendido en el derecho a la disensión –espíritu del derecho americano y quintaesencia del sistema de gobierno americano– no es sino la expresión clara del consentimiento tácito que se manifiesta a la colectividad como contraprestación por su tácita aceptación de los recién llegados, que es esa inmigración interior mediante la que se renueva constantemente. Contemplado desde este ángulo, el consenso silencioso no es una ficción sino algo propio de la *condition humaine*. Sin embargo, el silencioso consenso general –el «acuerdo callado, una especie de *consensus universalis*», como lo llamaba Tocqueville–[68] no se extiende a leyes específicas o a una política específica aunque dimanen de las decisiones de una mayoría.[69] A menudo se afirma que el consentimiento a la constitución, el *consensus universalis*, también comporta el consentimiento a las leyes aprobadas porque el pueblo a través de sus representantes toma parte en su gestación. Este consenso, sin embargo, es completamente ficticio, creo yo; en cualquier caso, en las circunstancias actuales ha perdido toda credibilidad. El propio sistema representativo de gobierno se halla actualmente en una crisis, en parte porque con el transcurso del tiempo todas las instituciones que hacían posible una participación real de los ciudadanos han desaparecido, y en parte porque en el interín le ha afectado la misma enfermedad que padece el sistema de partidos: la burocratización y la tendencia de ambos partidos a no representar a nadie excepto al aparato del propio partido.

En todo caso el peligro actual de una rebelión en los Estados Unidos no se debe a la disensión o a la oposición a leyes determinadas, a decretos del ejecutivo o a la política nacional; ni siquiera es importante el ataque público al «sistema» o al «establishment» en que resuena un deje familiar de indignación por la laxa moral de los altos funcionarios y el ambiente de complicidad protectora que los rodea. Lo que ocurre es que nos enfrentamos a una extrema crisis constitucional causada por dos factores muy diferentes, cuya desgraciada convergencia ha llevado tanto a la especial gravedad de la situación como a la confusión general respecto a la misma. Análogamente a la frecuencia con que el gobierno cuestiona la Constitución desaparece la confianza de la población en la necesaria constitucionalidad de la actuación política, esto es, el consenso se debilita; y aproximadamente al mismo tiempo se manifiesta claramente la negativa fundamental de determinados sectores de la población a reconocer el *consensus universalis*.

Tocqueville profetizó hace casi ciento cincuenta años que «el más peligroso de todos los males que amenazan el futuro de los Estados Unidos» no era la esclavitud, cuya abolición previó, sino «la presencia de los negros en su territorio».[70] Que pudiera prever el futuro de los negros y los indios con más de un siglo de antelación se debe al hecho, tan simple como terrible, de que estas etnias nunca han estado incluidas en el *consensus universalis* original. No hay nada en la Constitución o en la declaración de intenciones de sus autores que hubiera podido interpretarse como una inclusión de la población esclava en el acuerdo original. Incluso aquellos que abogaban por una plena emancipación pensaban en la segregación o preferiblemente en la deportación. Este es el caso de Jefferson, que dijo: «está escrito con la mayor seguridad en el libro del destino que esta gente será libre, pero no es menos cierto que estas dos razas igualmente libres no podrán vivir en el mismo Estado»; así como el de Lincoln, que todavía en 1862 «cuando le visitó un grupo de delegados de color... [intentó] convencerles de fundar una colonia en América central».[71] La tragedia del movimiento abolicionista, que en sus fases tempranas también había propuesto la deportación (en este caso hacia Liberia) y la colonización, fue que sólo podía apelar a la conciencia particular, no a la constitución ni a la opinión pública del país. Lo que explicaría tanto su actitud antiinstitucional por principio como la moral abstracta, con que maldecía la maldad de todas las instituciones por tolerar el mal de la esclavitud. Tal actitud seguramente no ayudó a impulsar las elementales reformas humanas que posibilitaron la paulatina emancipación de los

141

esclavos en todos los países.⁷² Sabemos que este crimen, que forma parte del origen de los Estados Unidos, no se debe a la catorceava o quinceava enmiendas constitucionales; al contrario la exclusión *tácita* de los negros del consenso *tácito* resalta aún más claramente por culpa de la incapacidad o la negativa del gobierno federal a dar validez a sus propias leyes. Con el paso del tiempo, al afluir una ola inmigratoria tras otra al país, fue cada vez más evidente incluso que los negros –a los que entretanto se había liberado y habían nacido y crecido en el país– eran los únicos a los que no se referían las palabras de Bancroft: «La acogida por parte de la colectividad fue de una cordialidad nunca vista».⁷³ El resultado es bien conocido y no hay que sorprenderse de que los intentos actuales, en todo caso tardíos, de acoger a la población negra en el tácito *consensus universalis* de la nación no hayan sido muy numerosos. (A ojos de la población negra de América, a la que nunca se había dado la bienvenida, una enmienda constitucional explícitamente dirigida a ella hubiera subrayado más claramente la gran transformación, sellándola definitivamente). Hay resoluciones del Tribunal Supremo que son interpretaciones de la Constitución, por ejemplo en el caso Dred Scott donde se falló: «Los negros no son ni pueden ser ciudadanos en el sentido de la Constitución federal».⁷⁴ El rechazo del congreso a proponer tal enmienda fue aún más manifiesto cuando una aplastante mayoría se pronunció a favor de una enmienda constitucional que suprimiera las prácticas discriminatorias contra las mujeres, prácticas que ni de lejos eran tan graves.) En cualquier caso los intentos de integración de las organizaciones negras son rechazados, a menudo con dureza, y muchos de sus portavoces se despreocupan de las reglas pacíficas del juego de la desobediencia civil y con frecuencia también de los conflictos que están al orden del día –la guerra de Vietnam, los defectos concretos de nuestras instituciones– porque están en abierta rebelión contra la sociedad americana en su totalidad. Aunque su causa puede atraer a grupos marginales extremistas de la desobediencia civil radical,* que de otro modo probablemente hubieran desaparecido del escenario hace mucho, pero su instinto les dice que vuelvan a sepa-

---

* Blanca (N. de la t. al alemán).

rarse de estos adeptos ya que, a pesar de su espíritu rebelde, estaban incluidos en el contrato original del que surgió el tácito *consensus universalis*.

Tal como los americanos entienden el concepto, el consenso se basa en la versión horizontal del contrato social y no en las decisiones de una mayoría. (Al contrario, una considerable parte de las reflexiones de los padres de la Constitución se referían a los mecanismos para proteger modos de pensar minoritarios.) El contenido moral de este entendimiento se parece al contenido moral de todos los acuerdos y contratos: la obligación de respetar el consenso. Esta obligación es el fundamento de toda promesa. Cualquier asociación humana, sea de tipo social o político, confía en última instancia en la capacidad humana de hacer una promesa y cumplirla. El único deber del ciudadano respecto a su comportamiento futuro que puede llamarse moral en sentido estricto es esta doble disposición a asegurar algo con firmeza y cumplirlo. Esta es en cierta manera la condición prepolítica de todas las demás virtudes específicamente políticas. La sentencia de Thoreau citada a menudo: «La única obligación que puedo aceptar justificadamente es hacer en cada momento lo que considere acertado» podría probablemente modificarse como sigue: la única obligación que puedo aceptar justificadamente *como ciudadano* es hacer promesas y cumplirlas.

La promesa es la manera peculiarmente humana de encarar el futuro, de hacerlo humanamente calculable y fiable. Pero como el futuro no es nunca absolutamente calculable, hay dos limitaciones esenciales que relativizan la promesa. Estamos ligados a nuestra promesa siempre que no irrumpa ninguna circunstancia inesperada y siempre que la reciprocidad en que se basa se mantenga. Hay toda una serie de circunstancias que pueden llevar al incumplimiento de una promesa, siendo la más importante en este contexto la circunstancia general de que las cosas cambian. Igualmente hay muchos factores que pueden causar la violación de la reciprocidad inherente a toda promesa, siendo el único relevante en este contexto el de que las instancias de poder no mantengan las condiciones originales. Tenemos ejemplos hasta la saciedad: el caso de una «guerra ilegal e inmoral»; el ejemplo del cada vez más impaciente afán de poder del ejecutivo; el caso del engaño crónico unido a los intencionados ataques a las libertades garantizadas por la primera enmienda constitucional, cuya función política principal siempre ha sido impedir que el engaño se convierta en un mal crónico; y no menos importantes son los casos en que ha sido vulnerada la posición de confianza propia de las universidades, que las protege de la injerencia política y la presión social (en forma de investigación dirigida a la guerra o dependiente del gobierno). Por lo que respecta a la discusión sobre estos últimos casos, los críticos y los defensores de estas intervenciones abusivas coinciden en la premisa fundamentalmente falsa de que las universidades son únicamente «el espejo del conjunto de la sociedad». La respuesta más contundente a este argumento la dio el presidente de la universidad de Chicago, Edward H. Levi: «A veces se dice que la sociedad alcanza el grado de instrucción que merece. De ser así, que el cielo nos asista».[75]

El «espíritu de las leyes» tal como lo entiende Montesquieu es el principio por el que actúan y quieren actuar los hombres que viven en un ordenamiento legal determinado. El consenso, el espíritu de las leyes americanas, se basa en la idea de un contrato recíprocamente vinculante que primero dio lugar a las colonias particulares y después a la Unión. Un contrato presupone una pluralidad de como mínimo dos, y toda unificación que siga el principio de la connivencia sobre la base de la promesa recíproca y se comporte en consecuencia presupone una multiplicidad que, sin disolverse, acepte la figura de una unión (*de pluribus unum*). Si los miembros particulares de una colectividad fundada sobre dicha base se decidieran a abandonar su autonomía limitada y diluirse en una unión total (comparable a la *union sacrée* de la nación francesa), toda alusión a la relación *moral* del ciudadano con la ley sería mera retórica.

El consenso y el derecho a la disensión fueron los principios que organizaron y marcaron la conducta, principios que enseñaron a los habitantes de este continente el «arte de asociarse» y de los que brotaron las asociaciones voluntarias, cuyo papel Tocqueville fue el primero en reconocer con asombro, admiración y algunas reservas: para él eran la peculiar fortaleza del sistema político americano.[76] Los pocos capítulos que les dedicó siguen siendo con diferencia los mejores de toda la bibliografía, no muy abundante, sobre este tema. Sus palabras introductorias: «América es el país en que más provecho se ha obtenido de las sociedades y en que tal forma de acción se aplica a más asuntos que en ningún otro sitio», no han perdido su valor después de casi ciento cincuenta años. Lo mismo puede decirse de su conclusión de que «nada (merece) más atención que las sociedades americanas, fundadas con fines espirituales y éticos». Las asociaciones voluntarias no son partidos, son organizaciones *ad hoc* que persiguen objetivos a corto plazo y que después de alcanzarlos vuelven a desaparecer. Sólo cuando estos intentos son reiteradamente inútiles y se trata de objetivos muy relevantes «forman una especie de pueblo dentro del pueblo, un gobierno dentro del gobierno». (Esto fue lo que pasó en 1861, aproximadamente treinta años después de que Tocqueville escribiera estas palabras y puede volver a ocurrir. Que el legislativo del estado de Massachussets haya cuestionado la política exterior de la administración Nixon es un claro preaviso. Por desgracia, bajo las condiciones de una sociedad de masas, especialmente en las grandes ciudades, ya no es verdad que el espíritu de las sociedades «(domine) toda la actividad de la sociedad». Si bien tal fenómeno ha conllevado un cierto descenso del enorme número de asociados (a un descenso del Babbitt, la versión específicamente americana del pequeñoburgués),[77] el precio de la negativa, quizá laudable, a fundar sociedades a causa de las «tan escasas iniciativas» es que evidentemente desaparece la disposición al compromiso político. Pues los americanos siguen viendo la asociación como «el único medio de acción», y con razón. Los últimos años, con sus manifestaciones masivas en Washington, a menudo espontáneas, han demostrado inesperadamente cuán vivas siguen las viejas tradiciones. El informe de Tocqueville se lee casi como una descripción de la situación actual: «Tan pronto varios habitantes de los Estados Unidos quieren manifestar al mundo un sentimiento o un pensamiento» o han detectado una anomalía que quieren solventar «se buscan entre sí y cuando se han encontrado, se unen. *En adelante ya no son indi-*

viduos aislados sino un poder visible, cuyos actos son un ejemplo y cuyas palabras se escuchan» (el subrayado es mío).

Afirmo que la desobediencia civil representa simplemente la última forma de asociación voluntaria y que por eso está en total consonancia con las tradiciones más antiguas del país. ¿Qué podría describir mejor a los desobedientes que las palabras de Tocqueville: «Los ciudadanos que constituyen una minoría se unen ante todo para dejar constancia de su número y debilitar así el dominio moral de la mayoría»? Sin embargo, ya hace tiempo que «las sociedades fundadas con fines espirituales y éticos» existen junto a asociaciones voluntarias, que, al contrario, sólo se han formado para proteger intereses específicos, para proteger a grupos de presión y a los representantes de los *lobbies* en Washington. No dudo que los *lobbies* se han ganado la dudosa fama que tienen, exactamente igual que los políticos de este país han hecho bastante para merecérsela. Sin embargo, hay que decir que los grupos de presión también son asociaciones voluntarias y reconocidas en Washington, donde su influencia es tan grande que se los denomina «gobiernos en la sombra».[78] De hecho, el número de los representantes de los *lobbies* registrados supera ampliamente al de congresistas.[79] Que se les reconozca públicamente, no es ninguna bagatela, pues ni la constitución ni su primera enmienda preveían un «gobierno en la sombra» semejante, ni tampoco la libertad de asociación como una forma de actuación política.[80]

Sin duda, «de la desobediencia civil se deriva un peligro elemental»[81] pero no es otro ni mayor que los peligros inherentes a la libertad de asociación, de los que Tocqueville, independientemente de la admiración que le profesaba, tenía pleno conocimiento. (En su comentario del primer tomo de *La democracia en América*, John Stuart Mill formuló el núcleo de los temores de Tocqueville: «La capacidad de perseguir cooperativamente un objetivo común ha sido hasta ahora un instrumento de poder monopolizado por las clases superiores pero ahora se ha convertido en un recurso de las clases inferiores extremadamente peligroso».)[82] Tocqueville sabía que «en tales asociaciones (impera) a menudo una tiranía más insoportable que la que ejerce la sociedad en nombre del gobierno atacado». Pero también sabía que «la libertad de asociación (en nuestro tiempo representa) una seguridad necesaria contra la tiranía», que « un peligro se enfrenta a un peligro aún más temible», y finalmente que «los americanos al hacer uso de una libertad peligrosa (aprenden) a reducir los peligros de la libertad». En todo caso, «para que los seres humanos sigan siendo civilizados o lleguen a serlo ... [tienen] que desarrollar y perfeccionar el arte de la asociación entre ellos *en la misma medida en que las condiciones sociales se equilibren*» (la cursiva es mía).

No es necesario embarcarse en la antigua disputa sobre las excelencias y los peligros de la igualdad o sobre la bondad y la maldad de la democracia para comprender que si se perdiera el modelo de contrato asociativo original –la promesa recíproca bajo el imperativo moral *pacta sunt servanda*– dejaríamos sueltos a todos los malos demonios. En las condiciones dominantes hoy en día, tal cosa podría ocurrir si las agrupaciones implicadas (y las asociaciones equivalentes en otros países) sustituyeran los objetivos reales por compromisos ideológicos, políticos o de cualquier otra índole. Si una asociación no es capaz o no está dispuesta a «(aunar) impulsos espirituales diversos y a... (encaminarlos) hacia un objetivo claramente delimitado» (Tocqueville) es que ha perdido su capacidad de actuación. Lo que amenaza al movimiento estudiantil –de momento el principal exponente de la desobediencia civil–, no son el vandalismo, los actos de violencia, los malos humores y los aún peores modales sino el hecho de que el movimiento está contagiándose progresivamente de ideologías (maoísmo, castrismo, estalinismo, marxismo-leninismo y demás) que lo dividen y lo destruyen en tanto que asociación.

La desobediencia civil y las asociaciones voluntarias son fenómenos prácticamente desconocidos en otros lugares. (La terminología política sobre ellas es muy difícil de traducir.) Se ha dicho con frecuencia que los ingleses tienen el don especial de arreglárselas de una manera u otra y que los americanos poseen el talento de ignorar las consideraciones teóricas y preferir el pragmatismo y las actividades prácticas. Una opinión que puede ser discutible, pero lo que es indiscutible es que el fenómeno de

147

la asociación voluntaria se ha pasado por alto y que a la idea de desobediencia civil sólo muy recientemente se le ha dedicado la atención que se merece. Contrariamente al objetor de conciencia, el desobediente civil es miembro de un grupo y este grupo, nos guste o no, está marcado por el espíritu tradicional de la asociación voluntaria. A mi parecer el error más grande del debate actual es suponer que hablamos de personas particulares que se oponen subjetivamente y por motivos de conciencia a las leyes y costumbres de la colectividad (una suposición que comparten tanto los defensores como los críticos de la desobediencia civil). En realidad, de lo que hablamos es de minorías organizadas que, como suponen acertadamente, se enfrentan a mayorías calladas pero de ninguna manera «mudas», y creo que es indiscutible que bajo la presión de las minorías, estas mayorías han transformado su mentalidad y sus opiniones en un grado sorprendente. En este sentido quizá ha sido desfavorable que los debates hayan estado protagonizados en los últimos tiempos en su mayor parte por juristas (abogados, jueces y otros hombres de leyes), ya que les resulta especialmente difícil ver en el desobediente un miembro de un grupo y no un infractor de la ley aislado, es decir, un potencial acusado en la sala del tribunal. De hecho, lo que constituye la excelencia de un proceso judicial es que se juzga exclusivamente a un particular dejando todo lo demás fuera de consideración (por ejemplo, el espíritu de los tiempos o las opiniones que el acusado pueda compartir con otros e intente alegar ante el tribunal). El único infractor que el tribunal reconoce como no-criminal es el objetor de conciencia y la única afiliación a un grupo que el tribunal conoce es la «conspiración» (lo que en el caso de la desobediencia civil es un reproche completamente inadecuado, ya que la conspiración no sólo exige «respirar juntos» sino también la discreción, mientras que la desobediencia civil tiene lugar a plena luz pública).

Aunque la desobediencia civil es compatible con el espíritu de las leyes americanas, parece que el intento de incorporarla al derecho americano y darle un fundamento legal tropieza con dificultades insuperables. Sin embargo, estas dificultades se desprenden de la naturaleza del derecho en general, no del espíritu específico del derecho americano. Evidentemente, «la vulneración del derecho no puede justificarse legalmente», incluso cuando la falta se ha cometido con la intención de prevenir la violación de otra ley.[83] Una cuestión completamente diferente es si no sería posible reconocerle a la desobediencia civil un lugar en nuestras instituciones jurídicas. Este enfoque político de la solución es precisamente el que se impone después de la última decisión del Tribunal Supremo de no admitir ningún recurso contra los actos «ilegales y anticonstitucionales» del gobierno en la guerra de Vietnam. El Tribunal entendió que dichas causas formaban parte de la denominada *«political question doctrine»*, según la cual «los tribunales no pueden juzgar» determinadas acciones de los otros dos poderes del sistema de gobierno, el legislativo y el ejecutivo. «El estatuto exacto y la naturaleza precisa de esta doctrina están muy discutidos» y se la ha calificado de «volcán extinguido que posiblemente esté a punto de renovar su vieja amenaza, de estallar en llameantes controversias».[84] En cambio son pocas las dudas acerca de la naturaleza de los procesos que el Tribunal excluye de su ámbito competencial y que por tanto escapan al control legal. Tales procesos se caracterizan por su «trascendencia»[85] y por «una extraordinaria necesidad de atenerse incondicionalmete a decisiones políticas ya tomadas».[86] Graham Hugues, a cuyo excelente examen de la *«political question doctrine»* tengo mucho que agradecer, añade directamente a continuación que «es evidente que estas reflexiones... acaban así: *inter arma silent leges*,[87] poniendo en duda el aforismo de que se trata de interpretar la constitución». En otras palabras, la doctrina de la naturaleza política de un proceso es en realidad un subterfugio para volver a dar cabida al principio de soberanía y a la doctrina de la razón de Estado en un sistema de gobierno que los rehusa por principio.[88] Da igual qué teorías se aduzca, los hechos obligan a reconocer que precisamente en las disputas importantes el Tribunal Supremo dispone de tan poco poder como un tribunal internacional. En ambos casos, ninguno de los dos puede imponer determinantemente resoluciones que perjudiquen los intereses de Estados soberanos, y ambos saben que su autoridad depende de la precaución de no intervenir en cuestiones litigiosas y de evitar resoluciones que no puedan imponer.

La institucionalización política de la desobediencia civil podría ser el mejor remedio posible contra este fracaso a fin de cuentas del control jurídico. El primer paso sería garantizar a las minorías que practican la desobediencia civil el mismo reconocimiento que a los numerosos grupos de interés (que por definición también son minoritarios) del país, y actuar con los grupos de desobediencia civil de la misma manera que con los grupos de presión, a los que se permite por medio de sus representantes —esto es, los registrados como representantes de *lobbies*— «tener influencia sobre dictámenes y apoyar a sus adeptos» del Congreso aplicando métodos persuasivos. Dichas minorías de opinión podrían establecerse de esta manera como un poder que no sólo «se viera de lejos» con ocasión de manifestaciones y otras expresiones de su punto de vista sino que estuviera permanentemente presente y con el que se tuviera que contar en los asuntos de gobierno cotidianos. El paso siguiente sería admitir públicamente que la primera enmienda no prevé ni en su literalidad ni en su espíritu el derecho a la asociación libre tal como en realidad se ejerce en este país, un derecho precioso, cuyo ejercicio está desde hace siglos «enraizado en los usos y costumbres del pueblo» (como observó Tocqueville). Si hay algo que justifique una nueva enmienda a la Constitución es sin duda esto.

Quizá era necesario un estado de emergencia para dar acogida a la desobediencia civil no sólo en nuestro vocabulario político sino también en nuestro sistema político. Un estado de emergencia sería sin duda que las instituciones tradicionales de un país ya no funcionen correctamente y pierdan su autoridad, y tal estado de emergencia es el que en los Estados Unidos ha convertido a las asociaciones voluntarias en resistencia civil y a la disensión en resistencia. Es de todos conocido que en el presente —y probablemente desde hace ya algún tiempo— domina esta situación de emergencia latente o manifiesta en amplias zonas del mundo. La única novedad es que este país ya no constituye una excepción. Si nuestro sistema de gobierno sobrevivirá a este siglo es algo tan incierto como lo contrario. De Wilson Carey McWilliams son estas palabras: «Cuando las instituciones fallan, la gente tiene que saltar a la brecha de la sociedad política y la gente es como las cañas al viento, tiende a consentir las maldades, cuando no incluso a cometerlas».[89] Desde el Mayflower Compact, redactado y firmado en un estado de emergencia de otro tipo, las asociaciones voluntarias han sido el remedio específicamente americano contra el fallo de las instituciones, la falta de fiabilidad de la gente y la naturaleza incierta del futuro. A diferencia de otros países, esta república, a pesar de los violentos disturbios que conmueven al país debido a las rápidas transformaciones y los frecuentes fallos, todavía posee sus instrumentos tradicionales para poder encarar el futuro con una cierta confianza.

200 años de la revolución americana

Que la República, que esta forma de gobierno y sus instituciones de la libertad se encuentran en una crisis ya podía percibirse desde hace décadas, en concreto desde que Joe McCarthy desencadenó aquel conjunto de acontecimientos que hoy nos parecen tan sólo una minicrisis. Los incidentes posteriores dieron testimonio del creciente desorden que sacudía los fundamentos de nuestra vida política. Una de las consecuencias del episodio McCarthy fue la destrucción de la fiabilidad y absoluta lealtad del funcionariado, una forma relativamente nueva en este país de servicio al Estado, probablemente el logro más importante de la larga administración Roosevelt. Fruto de todos estos acontecimientos fue la aparición en el escenario de la política exterior del «americano malo», que en el interior del país apenas hizo acto de presencia (a no ser en la forma de una creciente incapacidad para corregir los errores y reparar los daños).

Inmediatamente después, algunos observadores reflexivos empezaron a dudar de que nuestra forma de gobierno resistiera el embate de las fuerzas hostiles y sobreviviera más allá del año 2000 (y el primero que expuso públicamente tales dudas fue, si no recuerdo mal, John Kennedy). Pero eso no afectó en absoluto al buen humor general, por lo que tampoco nadie, ni siquiera después del caso Watergate, estaba preparado para el devastador torrente de acontecimientos que en los últimos tiempos ha aturdido y paralizado con su fuerza violenta a todo el mundo (tanto a los espectadores, que intentaban reflexionar sobre él como a sus artífices, que intentaban contenerlo).

Sin duda, hay que atribuir este torrente de acontecimientos que nos paraliza a una confluencia de sucesos –particular pero en absoluto desconocida en la historia– en la que cada suceso aislado tiene su propio significado y su propia causa. Nuestra retirada de Vietnam no es de ninguna manera una «paz honorable» sino, al contrario, una derrota humillante que se consumó en la evacuación precipitada mediante helicópteros y en las inolvidables escenas de una guerra de todos contra todos, sin duda la peor de las cuatro opciones que la administración podía haber escogido, y a la que innecesariamente añadimos aún nuestro último *gag* de PR,* es decir, el puente aéreo infantil, la «salvación» de la única parte de población sudvietnamita que estaba completamente segura. Pero ni siquiera esta derrota hubiera podido provocar en sí misma el *shock* que experimentamos: era una certeza desde hacía años y muchos la esperaban desde la ofensiva Tet.

A nadie hubiera tenido que sorprender que la «vietnamización» no funcionara; era una fórmula propagandística para el público, con la que se buscaba justificar la evacuación de las tropas americanas, las cuales, dominadas por las drogas y la corrupción, e infectadas de deserción y abierto amotinamiento, ya no podían continuar allí. Lo que sí fue una sorpresa, en cambio, fue la manera como Thieu mismo, sin pedir consejo a sus protectores en Washington, consiguió acelerar de tal manera la descomposición de su gobierno que los vencedores no tuvieron que luchar ni vencer a nadie: lo que se encontraron al avistar a un enemigo que huyó demasiado rápidamente como para que pudieran perseguirlo no fue un ejército en retirada sino un montón de merodeadores formado por soldados y civiles que se dedicaban al pillaje a gran escala.

Lo decisivo es que esta derrota en el sureste asiático casi coincidió en el tiempo con la ruina de la política exterior de los Esta-

---

* *Public Relations* (N. del t.)

dos Unidos: con la catástrofe de Chipre y la posible pérdida de dos antiguos aliados (Turquía y Grecia), con el golpe de Estado en Portugal y sus inciertas consecuencias, con la debacle en Oriente Medio, donde los Estados árabes pasaron a ser un factor relevante. A ello se añade que estos problemas externos convergieron con nuestros múltiples problemas internos: la inflación, la devaluación de la moneda, la miseria de nuestras ciudades, el desempleo progresivo y la criminalidad creciente. Si a todo esto se le suman los efectos del caso Watergate, no superados todavía, las dificultades con la OTAN, la amenazadora bancarrota de Italia e Inglaterra, el conflicto con la India y la incerteza de la política de distensión (en particular respecto a la proliferación de armas nucleares); y si comparamos todo el conjunto con nuestra posición al final de la Segunda Guerra Mundial, tendremos que estar de acuerdo en que hay que prestar la atención que merece a esta veloz pérdida de poder de los Estados Unidos, ya que es otro de los tantos acontecimientos sin precedentes de este siglo.

Es perfectamente posible que estemos en uno de esos puntos de inflexión decisivos en la historia, uno de esos puntos que separan a épocas enteras las unas de las otras. Para nosotros, contemporáneos implicados en las inflexibles exigencias de la vida cotidiana, la línea divisoria entre una era y la siguiente apenas si es visible mientras la traspasamos; sólo cuando el hombre las ha sobrepasado, las líneas se convierten en muros tras los que queda el pasado irrecuperable.

En tales momentos de la historia, en los que el porvenir inspira temor, la mayoría de personas se refugia en la tranquilizadora seguridad de la vida cotidiana, con sus exigencias inalterables y urgentes. Y este intento es hoy más fuerte por cuanto cualquier perspectiva histórica a largo plazo no es precisamente alentadora. Las instituciones americanas de la libertad, fundadas hace doscientos años, han durado más que cualquier insigne periodo comparable de la historia. Estos fulgores de la historia de la humanidad se han convertido con razón en paradigmas de nuestra tradición de pensamiento político pero no deberíamos olvidar que, considerados cronológicamente, siempre han sido sólo excepciones. Como fulgores permanecen en el pensamiento para iluminar la acción y el pensamiento del hombre en tiempos de oscuridad. Nadie conoce el futuro y todo lo que podemos decir con certeza en este momento solemne es esto: no importa cómo salga todo, estos doscientos años de libertad con todos sus altos y bajos merecen «ser debidamente loados» (Herodoto).

Si tanta gente se pone a buscar las raíces, las «razones más profundas» de lo sucedido es precisamente porque es consciente de la alarmante distancia que nos separa de los extraordinarios inicios y las excepcionales cualidades de los verdaderos fundadores. Es esencial a las raíces y a las «razones más profundas» quedar ocultas por la aparición a plena luz de los fenómenos cuya causa son. Hay abundancia de *teorías* sobre las causas «más profundas» del estallido de la Primera o de la Segunda Guerra Mundial, teorías que no se basan en el triste saber de que siempre se es más listo posteriormente, sino en especulaciones (que se convierten en convicciones) sobre la esencia y el destino del capitalismo o del socialismo, de la era industrial o postindustrial, sobre el papel de la ciencia y la técnica, etc. Pero tales teorías están muy limitadas por las expectativas implícitas del público al que se dirigen. Tienen que ser *plausibles*, es decir, tienen que contener afirmaciones que la mayoría de gente razonable de la época pueda aceptar; no pueden exigir creerse lo increíble.

Yo creo que la mayoría de la gente que ha seguido con atención el final de la guerra de Vietnam, un final terrible y marcado por el pánico, consideraba «increíble» lo que veía en la pantalla de sus televisores (y de hecho lo era). Precisamente porque ni la esperanza ni el temor pueden prever la realidad, celebramos que la fortuna nos sonría y deploramos que el infortunio nos golpee. Después del *shock* de la realidad, toda especulación sobre las causas más profundas vuelve otra vez a lo que parece plausible y puede explicarse porque la gente razonable lo considera posible. Aquellos que ponen en cuestión estas explicaciones obvias, que transmiten malas noticias y que insisten en «decir lo que es» nunca han sido bien vistos y con frecuencia ni siquiera tolerados. Si los fenómenos ocultan por naturaleza las causas «más profundas», es esencial a las especulaciones sobre dichas causas ocultas que oculten los hechos crasos y desnudos y nos hagan olvidar la brutalidad de las cosas tal como son.

Esta tendencia humana natural ha tomado unas proporciones gigantescas en el curso de la última década, cuando las costumbres y prescripciones del –como se dice eufemísticamente– trabajo de proyección pública, o sea, de la «sabiduría» de los propagandistas de Madison Avenue se han enseñoreado de toda nuestra escena política. Esta sabiduría consiste en la astucia de los funcionarios de una sociedad de consumo, de cuyos artículos hacen propaganda, que está dirigida por cierto a un público que en su gran mayoría invierte mucho más tiempo en consumir estos artículos del que se necesitó para producirlos. La función de los publicistas consiste en fomentar la venta de artículos y su interés se concentra cada vez menos en las necesidades del consumidor y cada vez más en la necesidad del artículo de ser consumido en cantidades siempre mayores. Si la abundancia y la sobreabundancia eran los objetivos originarios de la sociedad sin clases con que soñaba Marx, vivimos en unas condiciones en las que el sueño socialista y comunista se ha hecho realidad, sólo que se ha realizado mediante un despegue de la técnica cuya última fase por ahora, la automatización, ha dejado muy atrás nuestras fantasías más desbocadas: el noble sueño se ha modificado y más bien parece una pesadilla.

Aquellos que quieren especular sobre las causas «más profundas» de la transformación fáctica de una sociedad inicialmente de productores en una sociedad de consumidores que aún puede evolucionar hacia una sociedad del despilfarro, harían bien saboreando las últimas reflexiones de Lewis Mumford en «The New Yorker». Pues es del todo cierto que la «premisa en que se basa toda esta era», es decir, tanto el capitalismo como el comunismo, es la «doctrina del progreso». «El progreso», dice Lewis Mumford, «es una apisonadora que se ha allanado el camino a sí misma pero que no ha dejado ni rastro tras de sí ni se ha movido en dirección a un objetivo concebible y humanamente deseable». Pues «el objetivo es permanecer en movimiento», consiste en continuar haciendo, pero no acaso por que haya algo bello o pleno de sentido en este «continuar haciendo» sino porque detenerse, poner fin al derroche, dejar de consumir cada vez más y cada vez más deprisa y decir en un momento determinado cualquiera: hasta aquí y basta, significaría la ruina inmediata.

Este «progreso», acompañado por el incesante ruido de las agencias de publicidad, tiene lugar a costa del mundo en que vivimos y a costa de las cosas mismas, en las que el desgaste ya está calculado, cosas que ya no usamos sino que aplicamos a fines extraños, explotamos y tiramos. Que recientemente haya surgido este repentino interés por los peligros que amenazan al medio ambiente es el primer rayo de esperanza en esta dinámica, aunque hasta donde llego a ver, nadie ha descubierto por ahora un remedio para esta economía desmadrada que no causara una catástrofe aún mayor.

Sin embargo, mucho más decisivo que estas consecuencias sociales y económicas es el hecho de que los métodos de los propagandistas han penetrado, con el nombre de trabajo de proyección pública, en nuestra vida política. Los papeles del Pentágono no sólo describían con todo detalle el «cuadro de la mayor potencia mundial, la cual, en persecución de un objetivo cuyo valor es muy controvertido cada semana mata o hiere gravemente a miles de civiles intentando con un bombardeo constante poner de rodillas a una diminuta nación atrasada (un cuadro que siguiendo la formulación escrupulosamente ponderada de Robert McNamara no era ciertamente «simpático»). También aportaban pruebas inequívocas, que se repetían monótonamente en todo el informe, de que la directriz de una empresa semejante tenía que ser exclusivamente que una superpotencia necesita procurarse una «imagen» [*Image*] que *convenza* al mundo de que es efectivamente «la mayor potencia mundial».

La finalidad de esta guerra espantosamente destructiva que Johnson desencadenó en 1965 no era ni el poder ni el lucro. Ni siquiera se trataba de cosas tan reales como la influencia en Asia, pues ésta debía servir a determinados intereses importantes que, para imponerse, necesitaban prestigio, es decir, una imagen que, consecuentemente, se construyó para este fin. Con vistas a dicho objetivo final todas las «opciones» se transformaron en remedios intercambiables a corto plazo. Finalmente, cuando todo apuntaba a una derrota, esta banda en conjunto movilizó a sus destacables reservas intelectuales para que buscaran medios y vías de evitar la *confesión* de la derrota y salvar la cara, esto es, dejar intacta la imagen de la «mayor potencia mundial».

De hecho, la construcción y el cultivo de la imagen como política de alcance mundial son algo nuevo en el nada pequeño arsenal de necedades humanas de que nos informa la historia. En cambio, la mentira en política no es ni nueva ni necesariamente necia. Las mentiras siempre se han justificado en casos de emergencia, en particular si se referían a secretos especiales que, sobre todo en asuntos militares, no debían revelarse al enemigo. Pero en principio esto no era mentir, era la prerrogativa celosamente protegida de una reducida cantidad de hombres para enfrentarse a circunstancias extraordinarias. Se consintió que la formación de imagen, o sea la manera de mentir aparentemente inofensiva de los propagandistas de Madison, se extendiera por todo el aparato militar y civil del Estado. Nombremos como ejemplos los números falseados de las unidades encargadas de «buscar y aniquilar», los comunicados amañados de los éxitos y fracasos de la fuerza aérea, los «progresos» de que se daba constantemente parte a Washington (en el caso del embajador Martin hasta el ultimísimo momento, cuando ya tenía un pie en el helicóptero que estaba apunto de evacuarlo). Estas mentiras no escondían ningún secreto, ni ante amigos ni ante enemigos, lo que tampoco era su objetivo. Estaban pensadas para manipular al congreso y convencer al pueblo americano.

Que la mentira es una forma de vivir tampoco es ninguna innovación en política, al menos ya no en nuestro siglo. Esta manera de mentir tuvo bastante éxito en los países con gobiernos totalitarios, donde mentir no obedecía a ninguna «imagen» sino a una ideología. Su éxito fue, como todos sabemos, aplastante, pero también dependiente del terror y no de una convicción subliminal, y su resultado es cualquier cosa menos alentador: que la Rusia soviética siga siendo una especie de país subdesarrollado y subpoblado se debe en gran parte, dejando de lado toda otra consideración, a este mentir por principio.

El aspecto decisivo de este mentir por principio es que sólo puede funcionar por medio del terror, esto es, de tal manera que la criminalidad más pura penetra en los procesos políticos de la política. Cosa que ocurrió en unas proporciones descomunales en Alemania y Rusia durante los años treinta y cuarenta, cuando los gobiernos de ambos países se encontraban en manos de asesinos de masas. Después de la derrota y el suicidio de Hitler y de la muerte repentina de Stalin, se introdujo en los dos países, aunque de maneras distintas, una variante política de la fabricación de imagen: la formación de leyendas para disimular las increíbles hazañas del pasado. El régimen de Adenauer en Alemania creyó poder disimular el hecho de que no sólo algunos «criminales de guerra» habían ayudado a Hitler sino que una mayoría del pueblo alemán le había apoyado. Y Kruschov durante el XX Congreso del Partido hizo como si todo aquello hubiera sido consecuencia de un funesto «culto a la persona». En ambos casos se trataba de mentir para encubrir, como diríamos hoy; se consideró que era necesario hacerlo para posibilitar que el pueblo se alejara de un pasado monstruoso que había provocado innumerables crímenes en el país, y para recuperar alguna forma de normalidad.

Por lo que concierne a Alemania, esta estrategia fue extremadamente eficaz y el país se rehizo rápidamente. En Rusia el cambio no fue un retorno a lo que nosotros definiríamos como normalidad sino una vuelta al despotismo. Se pasó, pues de un poder totalitario con sus millones de víctimas completamente inocentes a un régimen tiránico dedicado sobre todo a perseguir a la oposición, cosa que en la historia rusa no era ninguna anomalía. Una grave consecuencia de los horribles crímenes de los años treinta y cuarenta en Europa es que esta clase de criminalidad, con sus baños de sangre, se ha convertido en el patrón de medida consciente o inconsciente con que juzgamos lo que está permitido y prohibido en política. La opinión pública tiende de una manera peligrosa a hacer la vista gorda silenciosamente no ante la criminalidad en las calles sino ante todos los delitos políticos que no sean el asesinato.

El caso Watergate significó la penetración de la criminalidad en los asuntos políticos de este país pero, en comparación con lo sucedido en este siglo horrible sus manifestaciones –la mentira descarada, una retahíla de robos de tercera clase encubiertos a su vez por mentiras sin freno, el importunar a ciudadanos por parte de Hacienda, el intento de organizar un servicio secreto que únicamente obedeciera las órdenes del ejecutivo– son tan moderadas que cuesta tomarlas totalmente en serio. Es lo que les pasa en particular a los observadores y comentaristas extranjeros, que vienen de países donde no hay una constitución escrita que sea efectivamente la ley fundamental, como sí ocurre aquí desde hace doscientos años. Por lo tanto, ciertas infracciones que en este país son realmente criminales no se consideran tales en otros países.

Pero incluso nosotros, que somos ciudadanos de aquí y que como muy tarde desde 1965 en tanto que ciudadanos nos opusimos a la administración, tenemos nuestras dificultades a este respecto, una vez se ha publicado el resumen de las grabaciones magnetofónicas de Nixon. Si leemos las transcripciones, nos damos cuenta de que sobrevaloramos tanto a Nixon como a su administración pero lo que sin duda no sobrevaloramos fueron los efectos catastróficos de nuestra aventura en Asia. Nos dejamos desorientar por la actuación de Nixon, ya que sospechamos que nos enfrentábamos a un golpe planificado contra la Constitución de este país, con el intento de suprimirla junto con las instituciones de la libertad. Visto retrospectivamente, parece como si no hubiera existido un complot tan grande sino «sólo» la firme decisión de eliminar cualquier derecho (por lo tanto no únicamente la Constitución) que se interpusiera en los sucesivos planes que inspiraban más la codicia y el espíritu de venganza que el deseo de poder total o un programa político definido. Dicho de otra manera, es como si un montón de farsantes y mafiosos con bastante poco talento se las hubiera apañado para apropiarse del gobierno de la «mayor potencia mundial».

No importa cómo expliquemos la erosión del poder de América: las escapadas de la administración Nixon y su convencimiento de que todo se puede conseguir con trucos sucios no se cuentan entre las causas principales de dicha socavación de poder. Aunque no sea un gran consuelo, la verdad es que los críme-

161

nes de Nixon apenas son un pálido reflejo de esa clase de criminalidad con que antes tendíamos a compararlos. No obstante, hay algunos paralelismos que puede que reclamen nuestra atención, y creo que justificadamente.

Por ejemplo, conocemos el hecho incómodo de que alrededor de Nixon había un gran número de personas que, sin pertenecer al círculo de sus colaboradores más estrechos y no habiendo sido directamente seleccionados por él le apoyaron, algunos hasta el desenlace final, a pesar de saber lo bastante de las «historias de horror» de la Casa Blanca para descartar la idea de que estuvieran siendo manipulados. Es verdad que Nixon nunca confiaba en ellos. Pero ¿cómo pudieron *ellos* confiar en ese hombre que en todo el transcurso de su larga y no muy honorable carrera pública había demostrado que no era de fiar? La misma pregunta incómoda podría hacerse evidentemente, y con mayor justificación, a las personas que rodearon a Hitler y Stalin y los ayudaron.

No es frecuente encontrar gente con instintos criminales genuinos entre políticos y estadistas, por el simple motivo de que la actividad específica de éstos, es decir, los asuntos en el espacio público, exigen una publicidad de la que los criminales por regla general no tienen ganas. El problema, desde mi punto de vista, no es tanto que el poder corrompa sino que el *aura* del poder, o sea su deslumbrante boato, atrae con más fuerza que el poder mismo. Todos los políticos de este siglo de los que sabemos que abusaron de su poder de una manera ostensiblemente criminal ya eran unos corruptos mucho antes de acceder al poder. Lo que los ayudantes de Nixon necesitaron para convertirse en cómplices fue una cierta seguridad de que estaban por encima de la ley. No tenemos informaciones ciertas sobre este punto pero todas las especulaciones que se refieren a la relación intrínsecamente tensa entre poder y carácter tienden fácilmente a equiparar a criminales de pura cepa con aquellos que sólo colaboran cuando se convencen de que la opinión pública o el «privilegio ejecutivo» los guardará de una condena.

Por lo que se refiere a los criminales, la principal debilidad que todos parecen compartir es presuponer que todos los seres humanos son como ellos, que su carácter deficiente es parte de la limitación humana general despojada de la hipocresía y los clichés convencionales. El mayor error de Nixon, aparte de no haber destruido las cintas en el momento justo, fue no haber contado con la insobornabilidad de los tribunales y la prensa.

La marea de acontecimientos de los últimos meses ha estado casi a punto de destruir la sarta de embustes de la administración Nixon y la maraña de mentiras confeccionada previamente por los fabricantes de imagen. Los acontecimientos sacaron a la luz los hechos en su cruda realidad y han dejado tras de sí tal montón de escombros que por un momento parecía que nos iban a pasar factura. Pero a la gente que había estado viviendo en el eufórico estado de ánimo del «nada es tan exitoso como el éxito» le cuesta aceptar la contrapartida lógica de esta frase, a saber, «nada es tan fracasado como el fracaso». Y de aquí que quizá sea muy natural que la primera reacción de la administración Ford consistiera en volverlo a intentar con una imagen nueva que al menos atenuara el fracaso y suavizara la confesión de la derrota.

Suponiendo que a la «mayor potencia del mundo» le faltaba fuerza interior para vivir con la derrota y pretextando que el país estaba amenazado por un nuevo aislacionismo, del que no había ninguna señal, la administración adoptó la táctica de culpar al Congreso, presentándonos, como ya había ocurrido antes en muchos otros países, la leyenda de la puñalada por la espalda, leyenda que idean habitualmente los generales que acaban de perder una guerra y que en nuestro caso difundieron con gran ardor los generales William Westmoreland y Maxwell Taylor.

El presidente Ford, por su parte, vio las cosas con algo más de indulgencia. Señaló que mirando atrás no harían sino inculparse mutuamente y olvidó por un momento que él mismo había rehusado decretar una amnistía incondicional, es decir, hacer uso de los métodos tradicionales para sanar las heridas de una nación dividida. Nos aconsejó hacer lo que él no había hecho, a saber, olvidar el pasado y abrir con ánimo alegre un nuevo capítulo de la historia. Cosa que, comparada con los sutiles métodos con que durante muchos años se había barrido bajo la proverbial alfombra algunos hechos desagradables, significaba un regreso alarmante al método más antiguo que suele utilizar la humanidad para deshacerse de los hechos desagradables: el olvido. Sin duda, si resultara, este método funcionaría mejor que todas las «imágenes» que habían de servir como sucedáneos de la realidad. Olvidemos Vietnam, olvidemos el caso Watergate, olvidemos el encubrimiento y el disimulo del encubrimiento que supuso el prematuro indulto presidencial al principal artífice de estos asuntos quien todavía hoy se niega a admitir haber actuado mal. *No la amnistía sino la amnesia sanará todas nuestras heridas.*

Uno de los descubrimientos de los gobiernos totalitarios fue el método de cavar inmensos hoyos donde enterrar los hechos y sucesos desagradables, una empresa gigantesca que sólo podía llevarse a cabo con éxito matando a millones de personas que habían sido artífices o testigos de un pasado sentenciado a caer en el olvido como si jamás hubiera existido. Ciertamente, nadie desearía ni por un solo momento emular la lógica despiadada de aquellos dirigentes, sobre todo ahora que sabemos que no obtuvieron ningún éxito con ella.

En nuestro caso no es el terror sino la persuasión (con la ayuda de la presión) y la manipulación de la opinión pública las que han conseguido lo que no consiguió el terror. Al principio, la opinión pública pareció inmune a tales intentos del ejecutivo: la primera reacción a los acontecimientos fue una marea creciente de artículos y libros sobre «Vietnam» y sobre «el caso Watergate», la mayoría pensados menos para informar de los hechos que para descubrir y proclamar las lecciones que debíamos aprender de nuestra historia, empeño en que siempre repetían la vieja cita: «Quien no aprende del pasado está condenado a repetirlo».

Si la historia –a diferencia de los historiadores, que con sus interpretaciones extraen de ella las conclusiones más heterogéneas– puede enseñarnos alguna lección, este oráculo pítico me parece aún más enigmático y oscuro que las profecías, notoriamente nada fiables, del oráculo de Delfos. Más bien opino como Faulkner cuando dice: «El pasado nunca está muerto, ni siquiera está pasado», y eso por la sencilla razón de que el mundo en que vivimos *es* también en cada momento el mundo del pasado, consistente en los testimonios y los vestigios de lo que los seres humanos han hecho tanto de bueno como de malo; sus hechos son siempre lo que ha llegado a ser (como reza el origen latino del concepto: *fieri factum est*). En otros términos, es verdad que el pasado nos *visita*; la función del pasado es no soltarnos, a nosotros, vivientes que queremos vivir en el mundo tal como es en realidad, esto es en un mundo que ha *llegado a ser* lo que ahora es.

Decía antes que viendo el torrente de los últimos acontecimientos parece como si nos pasaran factura, y utilizaba esta frase hecha porque apunta al efecto bumerán, a la maldición de la mala acción, en definitiva, a que los actos repercuten sobre sus autores. En particular, quienes temían este efecto eran los políticos imperialistas de generaciones anteriores. De hecho, la consecuencia de que lo previeran fue su contención en todo aquello que perpetraron contra los pueblos extranjeros y diferentes. Ahora, de lo que deberíamos hablar no es de nuestras bendiciones sino (aunque no más exhaustivamente, claro) de algunos de los efectos fatales, muy evidentes. Y sería inteligente que nos hiciéramos responsables de ellos a nosotros mismos y no a cabezas de turco nacionales o extranjeras. Empecemos por la situación económica, cuyo súbito giro del *boom* al estancamiento nadie predijo, y que los recientes acontecimientos en Nueva York han agravado de forma tan triste y amenazadora.

Hablaré primero de lo obvio: la inflación y la devaluación de la moneda son inevitables después de una guerra perdida, y sólo nuestra reticencia a confesar una derrota catastrófica lleva y tienta a buscar en vano las «causas más profundas». Sólo una victoria y una paz regulada que incluya la adquisición de nuevos territorios y el pago de reparaciones puede compensar los costes totalmente improductivos de la guerra. Pero en el caso de la guerra que hemos perdido, eso sería de todos modos imposible, ya que no nos proponíamos la expansión e incluso ofrecimos a Vietnam del Norte (pero aparentemente nunca tuvimos la intención de hacerlo) pagarle 25 millones de dólares para la reconstrucción del país. Los que se obstinan en «aprender» de la historia podrían extraer de ello la banal lección de que incluso la gente extraordinariamente rica puede declararse en quiebra. Pero esto, evidentemente, todavía no es todo lo que ha contribuido a la crisis a que hemos ido a parar.

La crisis económica mundial de los años treinta, que partió de los Estados Unidos y afectó a toda Europa, no pudo controlarse en ningún país, y en ninguna parte le siguió una fase de restablecimiento normal (el New Deal americano no fue menos impotente que los decretos de emergencia de la República de Weimar, reconocidamente ineficaces). La crisis económica finalizó con el repentino tránsito, forzado por la política, a la economía de guerra, primero en Alemania, donde Hitler acabó con la crisis y el desempleo hasta 1936, y después, cuando estalló la guerra, en Estados Unidos. Cualquiera podía darse cuenta de la inmensa importancia de este hecho, pero enseguida aparecieron complicadas teorías económicas que lo enmascararon, de manera que la opinión publica permaneció en la ignorancia. Hasta donde yo sé, Seymour Melman ha sido el único autor relevante que ha aludido repetidas veces a este punto (véase *American Capitalism in Decline*) pero su trabajo no ha penetrado en la corriente principal de la teoría económica. Sin embargo, aunque en casi todos los debates públicos se ha pasado por alto esta circunstancia esencial, temible por sí sola, ha surgido de repente la convicción más o menos general de que «las empresas industriales no están para producir artículos sino para crear puestos de trabajo».

Puede que tal máxima proviniera del Pentágono pero entretanto se ha extendido por todo el país. De acuerdo que la economía de guerra, salvadora del desempleo y el estancamiento económico, tuvo como consecuencia la aplicación de diferentes innovaciones en la producción en masa, es decir, de eso que denominamos con el concepto «automatización» y que hubiera tenido que significar la pérdida brutal de puestos de trabajo. Pero el debate sobre la automatización y la situación de la ocupación quedó en nada por el simple motivo de que el «featherbedding»* y prácticas semejantes –impuestas, aunque sólo fuera parcialmente, con la

---

* Esto es, la exigencia de contratar y dar ocupación a fuerza de trabajo innecesaria (N. del t. al alemán).

ayuda de los poderosos sindicatos– ocultaron el problema y, al menos en parte, lo liquidaron. Hoy en día es reconocido casi por todo el mundo que producimos coches sobre todo para mantener los puestos de trabajo y no para que la gente los conduzca.

No es ningún secreto que una gran parte de los miles de millones que el Pentágono exige para la industria armamentística no se utiliza para la «seguridad nacional» sino para evitar que la economía se derrumbe. En un tiempo en que la guerra ha pasado de ser un medio racional de hacer política a una especie de lujo que pueden permitirse incluso los países pequeños, el comercio y la producción de armas se han convertido en los negocios de crecimiento más rápido, y los Estados Unidos son «con diferencia el mayor comerciante de armas del mundo». El primer ministro de Canadá, Pierre Trudeau, cuando hace poco le criticaron por haber vendido a Estados Unidos armas destinadas a Vietnam, afirmó con pesar que sólo se trataba de escoger «entre tener las manos sucias o el estómago vacío».

Es muy cierto que en estas circunstancias, como Melman decía, «la improductividad se ha erigido en un objetivo nacional» y lo que aquí se está tomando su venganza es la obstinada política, por desgracia muy eficaz, de «solucionar» los problemas reales del proceso económico con trucos refinados cuyo éxito consiste en hacer desaparecer los problemas provisionalmente.

Quizá es una señal del redespertar del sentido de la realidad que poco a poco se dedique a la crisis económica (sobre la que arroja luz la posible bancarrota de la ciudad más grande del país) la misma atención que antes mereció el caso Watergate. Lo que sí sigue igual y no nos abandona son los efectos de la dimisión forzada de Nixon. Al presidente Ford, que no fue elegido sino destinado por Nixon mismo porque había sido uno de sus más fuertes apoyos en el Congreso, se le recibió con un entusiasmo desenfrenado. «En pocos días, casi en horas, Gerald Ford disipó las nubes venenosas que durante tanto tiempo se habían concentrado sobre la Casa Blanca, y por así decirlo el sol empezó a brillar otra vez en Washington», dijo Arthur Schlesinger, sin duda uno de los últimos intelectuales de quien se hubiera esperado que alimentara esos secretos anhelos respecto al nuevo hombre fuerte.

167

En realidad, una gran cantidad de americanos reaccionó instintivamente de esta manera. Puede ser que Schlesinger modificara su opinión después del indulto precipitado que Ford decretó, pero su prematura evaluación demostró estar en completa consonancia con el estado de ánimo del país. Nixon tuvo que dimitir porque era evidente que lo procesarían por el encubrimiento del caso Watergate. La reacción normal de aquellos que se enteraron de «las historias de horrores» de la Casa Blanca hubiera sido preguntar quién había maquinado todo eso que después hubo que encubrir. En vez de plantear esta pregunta (que yo sepa sólo un artículo de Mary McCarthy en la *New York Review of Books* lo hizo seriamente), editores, prensa, televisión y universidades inundaron a los ya inculpados o condenados por su participación en el encubrimiento de ofertas muy elevadas para que contaran su historia. Nadie duda de que todas estas historias estarán al servicio de la autojustificación, sobre todo la que proyecta publicar Nixon mismo. Lamento decirlo pero estas ofertas no tienen una motivación política; reflejan el mercado y su demanda de «imágenes» positivas, es decir, la búsqueda de más cuentos chinos y embustes con el objetivo esta vez de justificar o minimizar el encubrimiento y rehabilitar a los criminales.

Lo que ahora se toma su venganza es la práctica sostenida durante años de crear imagen, lo que por lo visto provoca un hábito parecido al de la adicción a las drogas. Nada es tan ilustrativo de la existencia de esta adicción a la imagen como la reacción pública –tanto en la calle como en el Congreso– a nuestra «victoria» en Camboya, que según la opinión de muchos «era exactamente lo que el médico había prescrito» (Sulzberger). «Fue una victoria gloriosa», como James Reston citó oportunamente en el *New York Times*. Si la victoria sobre uno de los países más diminutos y desamparados de la Tierra puede elevar el ánimo de los habitantes del país que todavía hace unos años era efectivamente «la mayor potencia del mundo», esperemos que se trate aquí del punto más bajo de la pérdida de poder de este país, al punto más bajo de su autoconfianza.

Mientras lentamente salimos del montón de ruinas que han dejado los acontecimientos de los últimos años, no deberíamos olvidar los años de desorientación si no queremos ser completamente indignos de nuestros gloriosos inicios hace doscientos años. Si los hechos nos pasan factura hagamos al menos el intento de aceptarla. No deberíamos refugiarnos en utopías, imágenes, teorías o puras necedades. Pues lo sublime de esta República consistía en hacerse cargo, en nombre de la libertad, de lo más grande y lo más infame de la humanidad.

Epílogo

I

Hannah Arendt vivió hasta 1933 «en la oscuridad de lo privado». Estudió la filosofía alemana de la existencia y empezó a redactar un trabajo de investigación sobre Rahel Varnhagen. Una vida apolítica. Fueron los nacionalsocialistas los que empujaron a la filósofa y judía a la política; su pertenencia al judaísmo se había convertido en una cuestión política y, agredida por ser judía, se adhirió al movimiento sionista. En París, adonde había huido tras una corta detención, trabajó –hasta su internamiento– en una organización de socorro judía encargada de llevar niños a Palestina para procurarles allí una nueva patria.

En 1941 consiguió escapar a los Estados Unidos, donde sustituyó la acción política concreta por la escritura. Hasta fines de 1942 publicó regularmente en el «Jüdischen Welt», un suplemento del *Aufbau*, columnas sobre cuestiones de actualidad del movimiento sionista (ejército judío, nacionalismo, fascismo...) con el sugestivo título «This means you». En muchos de sus textos aparecía el enfático «nosotros» de quien se sabe de acuerdo con los demás en una acción y un objetivo comunes. Pero a fines de 1942, con la «crisis del sionismo»[1] (que analiza después de la conferencia sionista nacional en Biltmore), sus artículos empiezan a escasear y el «nosotros» flaquea. Sigue comprometida con la lucha de su pueblo contra el nacionalsocialismo pero su esperanza de que la comunión de los perseguidos provoque una transformación del mundo común se tambalea. Lo que une a los luchadores de la resistencia es liberarse del dominio fascista, pero dicha liberación es para Hannah Arendt primero «condición e inicio de su propia acción», de la renovación común de la libertad política. Para este nuevo comienzo los luchadores están mal pertrechados porque su «movimiento de resistencia no se ha organizado unitariamente y no se circunscribe a un territorio sino que lo forman grupos dispersos que sólo tendrán la oportunidad de entenderse entre ellos y con los representantes mundiales del judaísmo en el momento en que se firme el armisticio».[2] Por mucho que la resistencia actúe movida por la idea de la libertad, esta sólo puede tomar forma allí donde los hombres se reúnen, se entienden y se tratan.

«Nosotros, los refugiados», el primer texto de este libro, trata con amarga ironía de los mundos aislados de los emigrantes. Puesto que han tenido que huir no por una opinión o un acto (subjetivos) sino por su condición de judíos (objetiva), han perdido no sólo su posición social sino, sobre todo, su historia. Su optimismo insondable y su ferviente disposición a los constantes cambios de identidad no atenúan su situación fantasmal. Usando un «nosotros» como si lo que dominara fuera una comunidad y no la (descrita) soledad desesperada de cada uno, Hannah Arendt ilustra cuán fina es la capa de hielo sobre la que se mueve (contando a cada momento con que se romperá) el refugiado, que no es sino un judío.

II

En 1963 Hannah Arendt bosqueja mediante una parábola de Franz Kafka el campo de batalla en que se ha convertido el mundo para el hombre moderno. *Éste tiene dos enemigos: el primero le amenaza por detrás, desde los orígenes. El segundo le cierra el camino hacia delante. Lucha con ambos. En realidad, el primero le apoya en su lucha contra el segundo, quiere impulsarle hacia delante, y de la misma manera el segundo le apoya en su lucha contra el primero, le empuja hacia atrás. Pero esto es solamente teórico. Porque aparte de los adversarios, también existe él, ¿y quién conoce sus intenciones? Siempre sueña que en un momento de descuido –para ello hace falta una noche inimaginablemente oscura– puede escabullirse del frente de batalla y ser elevado, por su experiencia de lucha, por encima de los combatientes, como árbitro.*[3]

La ruptura de las tradiciones ha oscurecido el pasado, que, convertido en una amenaza para el hombre, a la vez le cierra el paso al futuro. Él lucha con ambos. Está solo, inmovilizado, sin espacio propio entre ellos. Teóricamente un mero punto en el choque de ambos antagonistas. Por supuesto que tiene propósitos, sólo que no es capaz de expresarlos. Se ha quedado sin habla. Sólo *en sueños*, «en un momento de descuido», puede imaginar en la parábola una solución al estar-a-merced-de: salirse del curso del tiempo.

Para Hannah Arendt, pensadora de la política que vio en el nacionalsocialismo una fuerza totalitaria que amenazaba con reacuñar completamente la esencia del hombre, se trataba de escapar de este campo de batalla *con pleno conocimiento*, de conquistar el presente pensando. Los hombres tendrían que expresar sus intenciones, tendrían que poder prepararse para desafiar los movimientos que los empujan, para enfrentárseles. Sin la acción del individuo que siente un nuevo comienzo y funde un nuevo sentido, los ojos abiertos de par en par del «ángel de la historia» (Benjamin) sólo verán amontonarse más y más escombros del pasado y a él lo arrastrará ese vendaval que llamamos progreso. La necesidad de reubicarse entre lo pasado y lo futuro caracteriza la precaria existencia moderna. Por eso es necesario comunicarse con otros escapados, que son los únicos que pueden crear presente en el pensamiento, en el habla y en la acción.

La gente que Hannah Arendt encontró en su «visita a Alemania» en 1949, se parecía al hombre de la parábola kafkiana: los estragos del pasado le obstruyen todo futuro político, está inmovilizada, sin habla, rígida. Ni tristeza ni ira contra los criminales, sólo silencio ante las atrocidades y olvido, y una laboriosidad casi sin sentido que lo oculta todo. No actúa, ha huido a mundos quiméricos. Pero según el análisis de Hannah Arendt en *Los orígenes del totalitarismo*, la pérdida del mundo común, evidente en el totalitarismo y la guerra mundial, tiene sus raíces en la historia de la modernidad industrializada misma. Con el auge de la burocrática y anónima sociedad del trabajo, la decadencia de los Estados nacionales y la disolución de las clases han desaparecido también los sistemas de referencia social en que debatir la libertad política. Lo que ha quedado son gremios, aparatos e ideologías (nacionalismo, socialismo).

El mundo real de las masas y las máquinas hace ineficaz, incluso superflua, la acción del individuo, al que da a entender que saldría igualmente adelante sin él. La experiencia del desamparo y el desinterés por lo que sucede predisponen a las aisladas masas a dejarse mover –como «sonámbulos» (Broch)– por las ideologías totalitarias y el terror: «El gran atractivo que ejerce sobre el hombre moderno el pensamiento que se fuerza a sí mismo tal como corresponde al terror consiste en haberse emancipado de la realidad y la experiencia. Cuanto menos se sientan las masas realmente en casa en este mundo, más inclinadas se mostrarán a dejarse enviar a un paraíso o un infierno de locos donde haya leyes sobrehumanas que lo sepan, lo aclaren y lo determinen todo por anticipado».[4] Allí donde los hombres no tienen derechos ni margen de acción y sólo son objetos de la ejecución de leyes de movimiento la política ha desaparecido.

En el transcurso de su visita, Hannah Arendt se da cuenta de que las ruinas de los idearios nacionalsocialistas han sobrevivido. Serán reconstruidas. Serán habitadas. Lo que Hannah Arendt encuentra en el lugar de un nuevo comienzo político es una indiferencia general «para la que cualquier régimen, bueno o malo, es aceptable». El objetivo de una Europa federal, que en «El problema alemán» todavía consideraba la herencia de la Résistence, se aleja.

Con la tesis de que lo que provocó los movimientos totalitarios no fue ningún carácter nacional (alemán) sino el vacío político y el ser-superfluo de las sociedades de masas, también se agudiza la mirada de Hannah Arendt sobre la realidad política de los Estados Unidos. En este caso, sus intromisiones en los «Tiempos presentes» se refieren a la amenaza que el *marketing* político, las mentiras sobre Vietnam, la corrupción, el racismo, la anónima vida laboral (y el conformismo privado que comporta) representan para la esfera pública. La sociedad de masas amenaza la libertad pública también en la democracia (y para Hannah Arendt la americana era la democracia *par excellence*)[5] siempre que agoniza aquella acción política que necesita del lugar para la reunión, la iniciativa y la pluralidad. «La esfera pública, al igual que el mundo en común, nos junta y no obstante impide que caigamos uno sobre otro, por decirlo así. Lo que hace tan difícil de soportar a la sociedad de masas no es el número de personas, o al menos no de manera fundamental, sino el hecho de que entre ellas el mundo ha perdido su poder para agruparlas, relacionarlas y separarlas».[6] Estados en los que ya nadie pueda ver y oír o ser visto y oído.

Hannah Arendt no frecuentó ningún «figón del futuro» (Marx), tampoco contestó a la pregunta de cómo sería la república de los políticamente activos, de los iguales que en libre competencia configuran la vida pública, proponiendo algún tipo de modelos institucionales. Un individuo no puede dar la respuesta, ésta sólo puede ser negociada [*aus-gehandelt*]. Hannah Arendt se pronunció varias veces contra la tendencia al centralismo dominante y a favor de un sistema federal controlable, esto es, de un control horizontal del poder. Una opinión, dice, sólo tiene lugar en el intercambio, o sea, en asociaciones no partidistas, y no en los colegios electorales ni en los mítines de los partidos –unidos por los prejuicios y orientados a ganar votos– ni en las concentraciones callejeras de masas. Puesto que su utopía se basa en el momento del comienzo, no es ninguna casualidad que siempre vuelva a esos sistemas asamblearios que en todas las revoluciones surgen espontáneamente «de la acción conjunta y la voluntad de participar en la decisión».[7] El sueño de Hannah Arendt, pues, no es ningún «sistema» insitucionalista sino una «asociación libre» (Marx) que conceda espacio a las federaciones más diversas. Pero la historia de las revoluciones da testimonio de la corta duración que siempre ha tenido este espacio de la libertad.

Las «ganas de actuar» del movimiento estudiantil de los años sesenta –la primera generación que creció con la sombra de la bomba atómica y los campos de exterminio– sacó de nuevo a la luz una «reserva todavía no agotada de posibilidades de cambiar el mundo mediante la acción».[8] Una de las formas fundamentales de acción contra el inamovible aparato de poder redescubierta por aquel entonces en los Estados Unidos fue la «desobediencia civil», cuyo reconocimiento en el derecho americano Hannah Arendt defendió con vehemencia. No sólo la consideraba una manifestación del derecho de oposición sino, sobre todo, un factor de innovación política y un instrumento para la introducción de cambios legales. Para ella, teniendo en cuenta la aceleración sistemática del cambio social, la desobediencia civil es un desafío democrático al Estado democrático, un desafío constantemente necesario.

III

Los textos reunidos en este volumen no constituyen una unidad temática. Lo que los une es la *intromisión en el tiempo* de Hannah Arendt, su intento de sentar un nuevo comienzo en diversas controversias en que coinciden el peso del pasado y la utopía del progreso. Sin nada más que su propia voz, que la autoridad que le dan la propia experiencia y reflexión, intenta abrir nuevos espacios para el pensamiento y la acción políticos más allá de la situación del negocio político cotidiano. Una de sus experiencias clave, y también una de las convicciones fundamentales de su «vida activa» como pensadora política, es que la política no es nada obvio, que hay que discutir constantemente para que exista un espacio público, que éste necesita renovarse sin cesar para mantenerse. Si la acción libre se entiende no como un medio para otro fin sino como una forma de expresión en el presente, si las ideas políticas en vez de contribuir a la movilización de las masas comprometen al individuo en un debate público, entonces el *essay* parece ser la forma adecuada para dar validez a esta intención tan liberal. La apertura de su forma ofrece la posibilidad de presentar hechos históricos, acontecimientos actuales y experiencias y pensamientos propios y ajenos no en el espíritu de la totalidad sistemática, sino como *intento* continuo y arriesgado: como experimento de una idea de libertad.

El ensayo político de Hannah Arendt vive de la discusión, sobre la que quiere poner acentos propios al escribir. En lugar de definir y deducir, despliega las reglas del juego jugándolo; intenta medir la trascendencia de una idea, palpar sus límites y sobrepasarlos.

Pero un experimento así corre el riesgo de la arbitrariedad (qué se escoge conocer y qué se da a conocer) y exige valentía: cuando Hannah Arendt dice «empezamos algo (...) nunca sabemos lo que saldrá de ello» pasa por alto a propósito –por mor de la pasión del pensar– el momento del efecto. La auténtica osadía de su experimento –la promesa de tomarse lo público-político más en serio que nunca– radica en la confianza que reclama en el duelo verbal. Quien confía en la fuerza de las palabras, confía en ser escuchado y *entendido*. «Si otros seres humanos entienden –en el mismo sentido que yo– estoy satisfecha, tengo como un sentimiento de patria.»[9] Un entender sólo posible en el encuentro de diversos –y no en una comunidad fundadora de sentido, que sólo conoce la conformidad– es el lugar común: una patria, que sólo puede ser pública. Refiriéndose al reportaje sobre Eichmann, Hannah Arendt, en sus cartas a Gershom Scholem, objetó a los *malentendidos* de éste: «Lo que le molesta es que mis argumentos y enfoques se diferencian de aquellos a los que usted está acostumbrado. En otras palabras, lo enojoso es que soy independiente. Lo que quiere decir por un lado que no pertenezco a ninguna organización y siempre hablo por mí misma, y por otro lado que tengo una gran confianza en el *pensar por sí mismo* de Lessing, al que no puede substituir, según mi opinión, ninguna ideología, ninguna opinión pública ni ninguna "convicción"».[10]

Marie Luise Knott

Epílogo a la reedición

Cuando la editorial Rotbuch publicó el libro *Tiempos presentes* en 1986, Hannah Arendt no estaba políticamente tan en alza como después de la caída del muro (a más tardar). Sus puntos de vista –y en concreto los artículos de este libro– no encajaban en el esquema político derecha-izquierda existente en aquellos momentos, ya que la fascinación que provocaban los textos era a la vez irritación: ¿cómo podía alguien que abogaba por reconocer el derecho de desobediencia civil en la constitución americana («Desobediencia civil») y que quería desarrollar la idea de una democracia asamblearia de corte luxemburguista tolerar la discriminación social y echar a rodar una política igualitaria dirigida legalmente («Little Rock»)? Quien, como Hannah Arendt, ya en 1949 («Visita a Alemania») había considerado que tanto el nacionalsocialismo como el socialismo de Estado ruso eran igualmente totalitarios no podía ser un izquierdista. Además, era desconcertante que declarara su simpatía por América («Europa y América») y al mismo tiempo tematizara de forma extremamente crítica la amenazadora despolitización de la sociedad de masas. Desde la izquierda la consideraban una derechista. Pero sus ensayos siempre fueron incómodos para la derecha. En aquellos momentos no se preguntaba «hors catégorie».

En el periódico en el exilio *Das Andere Deutschland* de Buenos Aires, tropecé hace poco con una versión hasta entonces desconocida del texto «El problema alemán», que en su momento yo había tomado de la revista americana *Partisan Review* (véanse las págs. 23-40 de este libro). Un hallazgo. Al leerlo vi claramente que aunque el periódico en el exilio había tomado el *Partisan Review* como fuente, el texto recién descubierto no era una retraducción del texto americano: la elección de las palabras y el estilo se correspondían demasiado inequívocamente con los textos arendtianos. La versión alemana era, pues, un texto original. Pero era más corta que la versión americana. ¿Qué había ocurrido?

Buscando una hipótesis sobre las conexiones y las diferencias empecé a compararlos. En América el texto apareció en el primer número de 1945, en Argentina, el 18 de julio de 1945. En la versión del *Das Andere Deutschland* falta el fragmento introductorio sobre el planteamiento de la cuestión en general y los «expertos para Alemania» en particular. Puede que Hannah Arendt lo añadiera para el público americano respondiendo a los deseos del *Partisan Review* o puede que la prensa en el exilio considerara superfluo este pasaje para su público y por este motivo lo omitiera. Esta suposición también es extensible al resto de fragmentos que faltan en la versión del exilio. Puesto que en la versión del exilio no hay ni una sola línea que no aparezca en la versión americana, puede concluirse que al principio únicamente existía una versión y no dos, y que la versión del exilio es una reducción del original. Al final nos damos cuenta de que dicha reducción se debió, al menos parcialmente, a motivos políticos, pues las partes que faltan son precisamente aquellas en que Hannah Arendt formula con claridad su crítica a los gobiernos en el exilio (por ejemplo: «... ya que la existencia de estos gobiernos dependía totalmente de la restauración del *statu quo*»).

Hannah Arendt escribía «hors catégorie». El periódico había anunciado orgullosamente en titulares «la edición de un trabajo fundamental, que despunta por encima de los garabatos superficiales sobre «el problema alemán»» y que Hannah Arendt sería su futura colaboradora. Pero la colaboración consistió en sólo dos textos. Fascinación e irritación debían de estar estrechamente unidas. Y lo movedizo que era el suelo que pisaban los propios editores del periódico en el exilio puede percibirse en los constantes cambios de los subtítulos: en 1939 se autodenominaban «alemanes independientes», en 1941-1942 eran «antihitlerianos» y después «antinazis», en 1942-1943 «alemanes libres» y, finalmente, en 1944-1945 «demócratas alemanes». Queda en el aire la pregunta de cómo el texto arendtiano (y con qué extensión) consiguió llegar la primavera de 1945 desde Nueva York hasta Buenos Aires. La historia de «El problema alemán» todavía está pendiente de nuevas investigaciones. Forma parte directamente de la historia del exilio (y al parecer de la de las mentalidades de campo de concentración).

No sólo «El problema alemán», también los demás ensayos de este libro son hoy, a fines del siglo y superada la postguerra, ante todo históricos (por ejemplo, las explicaciones sobre la situación económica en «Visita a Alemania»). Las referencias a la actualidad pertenecen al pasado. Los ensayos redactados con ocasión de debates de actualidad habitualmente pierden su significado con el paso del tiempo, la pátina que les da su propia época. Los ensayos de Hannah Arendt también albergan las ideas y los errores de la época en que surgieron. Pero se distinguen porque, más allá de sus respectivos contextos históricos, cada vez que se leen arrojan una nueva luz sobre el ahora: parece que las ideas se extienden hacia el pasado y hacia el futuro de manera que en cada nueva lectura el contenido de significado aumenta y los textos se enriquecen y ganan densidad.

Cuando aproximadamente en 1945 Hannah Arendt diagnosticó desde la lejanía de su escritorio en América las diferencias entre los movimientos de resistencia (que buscaban nuevos enfoques) y los gobiernos en el exilio (que tendían a la restauración), tocaba un tema que posteriormente se manifestó con virulencia en numerosos conflictos, por ejemplo, en la década de 1980 entre la intifada y el gobierno de la OLP en el exilio. La cuestión se ha ido tramando durante mucho tiempo. Por ejemplo en Polonia, tras la caída del muro en 1989, se debate si la actitud espiritual de los otrora disidentes, que tuvieron que aprender, generalmente con sacrificios, a mantener sus puntos de vista frente a las mayorías, es provechosa después de la transición a la democracia o si es deseable que precisamente los disidentes no ocupen cargos públicos.

También el ensayo sobre «la cuestión de los negros», sobre la imposición legal de la igualdad social, es histórico por lo que se refiere a su ocasión pero no ha perdido nada de su fuerza explosiva por lo que respecta a las ideas y preguntas que plantea. Cierto que Hannah Arendt se cuenta entre los adversarios de la política de igualdad pero mientras éstos habitualmente niegan el problema o lo minimizan, ella logra, gracias a no tener miedo y al radicalismo del pensar, otra formulación: exige la igualdad de derechos (civiles), no la igualdad social. No puede trazarse estrictamente una línea divisoria entre espacio privado, social y legal en la vida real, pero el intento es una base política más adecuada que la buena voluntad, a la que aquí y allí se invoca hoy cada vez más en la cuestión de los extranjeros y las mujeres. Pues la «buena voluntad» queda a discreción del individuo y siempre puede cambiar.

Sean la cuestión de los refugiados, la política de minorías, la herencia de la revolución americana y la relación con Europa; sean los estragos de los Estados Unidos como potencia mundial, sea el espacio que las sociedades de masas y de consumo dejen todavía a la acción política, todos los temas reunidos en *Tiempos presentes* nos apremian aún hoy. Sin embargo, hay un tema esencialmente político de nuestro siglo que no aparece en este libro: la relación del hombre con la técnica y la naturaleza. Hannah Arendt se manifestó al respecto, claro, pero *Tiempos presentes* sólo recoge textos redactados en medio de discusiones políticas o sociales virulentas: intromisiones, pues. Dado que Hannah Arendt rehuía la publicidad que a la vez buscaba, siempre necesitaba un sentimiento de apremio interior para entrometerse. Y en el caso de este tema puede que no lo tuviera.

El motivo para escribir los ensayos incluidos aquí es la diferencia. Su concepción de un tema o de un proceso se distingue. Le apremian un aspecto pasado por alto, lanzar una mirada propia. Sus ensayos son intentos de describir lo novedoso, lo no-dicho y no-visto. Mientras en 1949 casi todo el mundo miraba atrás y ante la realidad alemana o bien buscaba por todas partes tendencias democráticas reconocibles (satisfactorias) anteriores a la guerra o bien desenterraba reconocibles (amenazadoras) reliquias nazis, Hannah Arendt escribió lo novedoso que había visto. Lo que había de nuevo en el mundo era una extendida huida de la realidad: «el aspecto probablemente más destacado, y también más terrible, de la huida de los alemanes ante la realidad [es] la actitud de tratar los hechos como si fueran meras opiniones».

Percibir lo novedoso requiere una imaginación que no es nada raro que pase por «clarividencia». Ya en 1945 imaginó desde la lejana América «muros cruzando Europa» para aislar a las fuerzas ideológicas las unas de las otras. «Can one realy make such a strong sentence on the basis of a single instance like this?» escribió un lector de una editorial en el margen de un manuscrito, pues, en efecto: la penetración de muchos textos es debida a una agudeza del juicio que por medio de la imaginación se eleva por encima de los acontecimientos particulares y les otorga una trascendencia que va más allá de los hechos visibles.

«La época de guerras y revoluciones que Lenin presagió a nuestro siglo y que ahora realmente vivimos», escribe Hannah Arendt en el fragmento de su legado «¿Qué es la política?», «ha convertido en una medida apenas reconocida hasta la fecha los acontecimientos políticos en un factor básico del destino personal de todos los hombres sobre la tierra... Y para esta desgracia... y para la todavía más grande que amenaza a la humanidad no hay ningún consuelo, ya que... las guerras son enormes catástrofes que pueden transformar el mundo en un desierto y la Tierra en materia sin vida».

Lo que constituye la experiencia fundamental de nuestro siglo no son el funcionamiento de los gobiernos parlamentarios ni los aparatos de los partidos democráticos sino las guerras y las revoluciones. Cosa que significa que nuestras experiencias con la política han tenido lugar esencialmente en el terreno de la violencia y que para nosotros es natural entender la acción política en términos de forzar y ser forzado, de dominar y ser dominado.

El libro *Tiempos presentes*, que empieza con la realidad fantasmal de la existencia de los refugiados y concluye con la amenazadora perversión de los revolucionarios logros de América, es expresión de la búsqueda arendtiana de la libertad de la acción política más allá de las relaciones de violencia.

Según Hannah Arendt, la «transformación fáctica de una sociedad inicialmente de productores en una sociedad de consumidores» ha provocado en el terreno político un aumento excesivo de la manipulación de la opinión y una extralimitación de la mentira, y ha reducido la política a *Image-making*. Si el espacio político está amenazado de esta manera, quizá estemos realmente en la época de transición que Hannah Arendt diagnosticó en «200 años de la revolución americana»: «Es perfectamente posible que estemos en uno de esos puntos de inflexión decisivos en la historia, uno de esos puntos que separan a épocas enteras las unas de las otras. Para nosotros, contemporáneos implicados en las inflexibles exigencias de la vida cotidiana, la línea divisoria entre una era y la siguiente apenas es visible mientras la traspasamos; sólo cuando el hombre las ha sobrepasado, las líneas se convierten en muros tras los que queda el pasado irrecuperable».

Berlín, febrero de 1999

Notas a los textos

No se trata aquí de «volver a tirar las cartas» partiendo de unos textos que se ocuparon de los *tiempos presentes* cuando se escribieron hace varias décadas, es decir, de confrontar descontextualizadamente las intervenciones de Hannah Arendt en la «situación espiritual de la época» con los debates políticos, historiográficos o filosóficos actuales. Así pues, las aclaraciones a los textos se ciñen estrictamente al contexto político, biográfico y cultural de los momentos en que fueron escritos y a seguir el rastro de estos artículos en la vida y obra posteriores de Hannah Arendt. En algunos debates actuales, que no pueden ser tratados aquí, me he permitido llamar la atención de los lectores y lectoras sobre algunas publicaciones recientes seleccionadas [entre corchetes]. Excepto las de *Desobediencia civil*, señaladas con números arábigos y redactadas por Hannah Arendt, todas las demás notas son de la editora. Al final del volumen hemos incluido una bibliografía abreviada de las obras de Hannah Arendt. Agradezco a Eike Geisel, Otto Kallscheuer y Ursula Ludz sus indicaciones y consejos en la elaboración de las notas.

Nosotros, los refugiados

Este texto apareció por primer vez bajo el título «We Refugees» en *Menorah Journal* en enero de 1943, págs. 69-77. Manfred George, el editor del semanario judeoalemán *Aufbau*, escribió acerca de «Nosotros, los refugiados» cuando se publicó: «La frase, dicha casi en voz baja, que concluye el artículo arendtiano y que corona con agudeza política el secreto brillo irónico de su esbozo de la situación, roza como una varita mágica la puerta de lo venidero». (*Aufbau*, 30 de julio de 1943).

En la descripción de la identidad del refugiado, Hannah Arendt reunió varios motivos que recorren su obra. Ya en sus trabajos sobre Rahel Varnhagen a principios de la década de 1930 había puesto de relieve la doble cara de la asimilación. En «The Jew as Pariah: A Hidden Tradition» (en alemán en: *Verborgene Tradition*, 1976, págs. 46 ss.) prosiguió su análisis de la figura del paria, esto es, de aquel que «en los países de la emancipación no [había] cedido a la tentación ni del mimetismo ni de una carrera de advenedizo» sino intentado «tomarse la buena nueva de la emancipación más en serio que los que la habían expresado». Sobre la identidad del refugiado véase también la columna «This means you» en el periódico de los emigrantes en Nueva York *Aufbau* (en particular, «Mit dem Rücken an der Wand», viernes, 3 de julio de 1942). Sobre la temática de los apátridas y la privación de derechos e ilegalidad de los «sobrantes» en el mundo humano véase, además del artículo del *Aufbau*, también: «Der Niedergang des Nationalstaates und das Ende der Menschenrechte», en: *Elemente und Ursprünge totaler Herrschaft*, págs. 9-57 [trad. esp.: «La decadencia de la nación-estado y el final de los derechos del hombre» en: Hannah Arendt, *Los orígenes del totalitarismo*, Madrid, Taurus, 1974; reimpresiones: Madrid, Alianza, 1987; Barcelona, Planeta, 1984; Barcelona, Altaya, 1997].

En el legado de Hannah Arendt (container 70) se encuentra el esbozo inédito de un ensayo: «German Emigrees», en que H. A. (probablemente en 1945) perfila las diversas corrientes de exiliados alemanes (refugiados políticos explícitos, judíos, intelectuales, etc.): los políticos, que en su tierra de acogida siguen persiguiendo los mismos objetivos que en la República de Weimar; los judíos sionistas, que ponen su punto de mira en Palestina; los judíos asimilados, que en Alemania querían deshacerse de su judaísmo y ahora en América, de su condición de alemanes porque quieren ser los mejores americanos; y los intelectuales («Ullstein-in-Exile»), que conciben su historia como una sucesión de derrotas (1918, 1924, 1933 y 1940) y que esta vez quieren asegurarse de estar del lado ganador: como expertos en los asuntos alemanes abogan por la presencia de una América (junto con Inglaterra, Rusia, etc.) fuerte (aconsejada por ellos) en una reprimida Alemania de posguerra; finalmente un pequeño grupo de comprometidos políticamente, que se han despedido de sus objetivos anteriores a la guerra y ahora, atentos a las voces de sus respectivas patrias, apuestan por un movimiento europeo.

1. «La verdad es que viendo lo que ha ocurrido, la tentación de poder escribir otra vez en la propia lengua no cuenta, aunque es el único retorno del exilio que nunca se consigue expulsar totalmente de los sueños», escribe Hannah Arendt en su dedicatoria a Karl Jaspers en 1947 (*Sechs Essays*). «Nosotros, los refugiados», redactado apenas un año y medio después de su llegada, es uno de sus primeros textos en inglés.

2. Hannah Arendt consiguió la ciudadanía americana el 10-12-1951.

3. Una estadística sobre muertes y suicidios en el campo de concentración de Buchenwald incluyó en su artículo «Social Science Techniques and the Study of Concentration Camps» en la revista *Jewish Social Studies*, vol. XII/I, 1950, pág. 57. Una versión alemana apareció bajo el título «Die Vollendete Sinnlosigkeit», en *Nach Auschwich. Essays und Kommentare*, editado por Eike Geisel y Klans Bittermann, Berlín 1989.

4. En 1933, tras una breve detención en Alemania, huyó a París, donde la detuvieron el 15 de mayo de 1940 como «extranjera enemiga» y la internaron desde finales de mayo hasta finales de junio de 1940 en el campo de mujeres de Gurs, en los Pirineos. El caos político que desencadenó la invasión alemana y el subsiguiente armisticio en la «Francia de Vichy», no ocupada, posibilitaron la huida de Hannah Arendt y otros, evitando ser entregada a los alemanes y su posterior deportación. En 1941 emigró a los Estados Unidos. Sobre las circunstancias de la huida véase también: Lisa Fittko, *Mein Weg über die Pyrenäen*, Múnich/Viena, 1985, págs. 29-70. [Trad. esp.: *Mi travesía de los Pirineos*, Barcelona, Muchnik, 1988].

5. *On ne parvient pas deux fois*: no se puede medrar dos veces.

El «problema alemán»

Este texto apareció por primera vez con el título «Approaches to the "German Problema"» en *Partisan Review*, 12/1, invierno de 1945, págs. 93-106. La versión abreviada alemana apareció bajo el título «Das deutsche Problem ist kein deutsches Problem» en «La otra Alemania. Das anderes Deutschland. Órgano de los alemanes democráticos de América del Sur», año VII, n° 97, págs. 7-10 y n° 98, págs. 8 y 9. En el legado se encuentra el texto «Foreign Affairs in the Foreign Language Press», probablemente de 1945/1946, en el que Hannah Arendt describe partiendo de las diversas nacionalidades (checos, yugoslavos, italianos, etc.) la diferencia entre las posturas políticas de los grupos de exiliados y las de la gente de los países liberados mismos. Véase Jeremy Kohn, *Essays on Understanding, 1930-1954*, Nueva York (Harcourt Brace), 1994, págs. 81-105.

«Sólo he escrito sobre la cuestión alemana porque ante el odio y la idiotez crecientes hubiera sido imposible callarse precisamente siendo judía», escribe Hannah Arendt a Karl Jaspers el 18 de noviembre de 1945 (*Briefwechsel*, pág. 59).

Sobre la ruptura de las tradiciones en la modernidad véase sobre todo su recopilación de ensayos *Fragwürdige Traditionsbestände im politischen Denken der Gegenwart*, Frankfurt, 1957. Se han reeditado en: Hannah Arendt, *Zwischen Vergangenheit und Zukunft, Übungen im politischen Denken I*, edición de Ursula Ludz, Múnich, 1994 [trad. esp.: Hannah Arendt, *Entre el pasado y el futuro: ocho ejercicios sobre la reflexión política*, Barcelona, Península, 1996]. Respecto a la discusión contemporánea sobre el «especial camino alemán», véase la extensa exposición y amplia bibliografía de Bernd Faulenbach, «Der "deutsche Weg" aus der Sicht des Exils. Zum Urteil emigrierter Historiker», en: *Gedanken an Deutschland im Exil. Exilforschung - Ein internationales Jahrbuch*, tomo 3, págs. 11-30; además: A. J. Taylor, *The Course of German History*, Londres, 1945.

1. Véase por ejemplo György Lukács, *Nietzsche und der Faschismus*, 1947 y del mismo, *Die Zerstörung der Vernunft*, 199 [trad. esp.: id., *El asalto a la razón*, Barcelona, Grijalbo-Mondadori, 1978].
2. Respecto al debate contemporáneo sobre el futuro de la idea de Europa véase: *L'Esprit Européen*, Textes in extenso des conférences et des entretiens organisés par les Rencontres Internationales de

Genève 1946, Neuchâtel, 1947; la propuesta de Konrad Mommsen «Durch Europäische Ruhrindustrie zum europäischen Staatenbund. Ein deutscher Vorschlag» en: *Die Wandlung*, 1947, pág. 770; Howard K. Smith, *The State of Europe*, Nueva York, 1947; el ciclo de conferencias del *Forum Academicum* en Frankfurt, 1947: «Deutschland, Europa und die Welt».

3. *Forces Françaises de l'Interieur* (FFI): las fuerzas armadas de la resistencia francesa, unificadas el 1º de febrero de 1944.

4. *Étatisme envahissant*: estatismo agresivo.

5. En el período 1938-1941 Robert Gilbert Vansittart fue el principal consejero diplomático del ministro de exteriores británico y se hizo célebre dentro y fuera de Inglaterra por su hostilidad hacia Alemania.

6. Traducción de la cita de Bernanos: «la esperanza en hombres que están diseminados por toda Europa y separados por fronteras e idiomas y que apenas tienen nada en común excepto la experiencia del riesgo y la costumbre de no retroceder ante la amenaza».

7. *Action Française*: grupo fascista francés que editaba un periódico del mismo nombre. La organización fue disuelta en 1936 y su periódico existió hasta 1944.

8. Sobre la problemática de las minorías, aquel «desgraciado remanente que no tenía absolutamente ningún sitio en el sistema» (tratados de paz de 1919/1920, n. de ed.), sobre los tratados sobre minorías y la contribución de las minorías a la caída del Estado nacional véase *Elemente totaler Errsachaft*, págs. 14 ss. [*Los orígenes del totalitarismo, op.cit.*]

Visita a Alemania 1950

Aparecido con el título «The Aftermath of Nazi-Rule. Report from Germany» en *Commentary* 10, octubre de 1950, págs. 342-353. Thomas Mann felicitó por el artículo a la revista *Commentary* en una carta del 17 de octubre de 1950: «It seems to me that the article –an excellent literary piece– presents a clear and accurate picture of present-day Germany, without failing to hint, that this state of affaire is not exclusively the fault of the Germans». (Legado de Hannah Arendt, container 25).

En el *Commentary* del 5 de noviembre de 1950 bajo la rúbrica «A Correction» se indica que, contrariamente a lo que se afirma en el artículo, el gobierno regional bávaro «después de un largo y vivo debate» no construirá la cuarta universidad prevista en el *land*.

Por primera vez desde su huida en marzo de 1933 Hannah Arendt viajó a Alemania, donde permaneció desde noviembre de 1949 hasta marzo de 1950. El motivo y la finalidad de su viaje fue la realización de algunos trabajos para la Comission on European Jewish Cultural Reconstruction, que se dedicaba a la reconstrucción de la cultura judía europea, que trataba de localizar los bienes culturales existentes, los listaba (véanse la dos listas «Tentative List of Jewish Cultural Treasures in Axis-Occupied Countries», en: *Supplement to Jewish Social Studies* 8/1, 1946, y «Tentative List of Jewish Educational Institutions in Axis Occupied Countries», en: *Jewish Social Studies* 8/3, 1946, ambas de Hannah Arendt, que dirigía la investigación) e informaba sobre su pervivencia. En el período 1949-1952 fue «executive director» de esta organización.

Acerca de su reportaje sobre Alemania, que redactó a su regreso, escribió a Karl Jaspers: «Me he esforzado en ser justa y desearía que se diera cuenta de que estoy más triste que irritada». (*Briefwechsel*, pág. 194). Algunos elementos de estas observaciones proceden de su análisis del poder totalitario y otros los retomaría posteriormente en su crítica a la sociedad de masas.

1. «Yo tampoco sé cómo pueden soportar vivir allí (en Alemania) siendo judíos, en un entorno que ni siquiera se digna hablar sobre "nuestro" problema, lo que hoy significa nuestros muertos», escribió el 30 de mayo de 1946 a Gertrude Jaspers (*Briefwechsel*, pág. 77).

2. Sobre la acomodación interior a las doctrinas de los nazis en el año 1933, véase también su comentario en la *Entrevista* con Günter Gaus: «Verá usted, que alguien se adaptara porque tenía que mirar por la mujer y los niños, esto nadie lo reprochaba a la gente. ¡Lo peor fue que luego realmente se lo creyeron! Por poco tiempo, algunos por muy poco tiempo. Pero esto significa que Hitler les dio algo que pensar, y cosas en parte muy interesantes» (pág. 20).

3. Este plan recibe su nombre de Robert Schuman, luchador de la Resistencia y fundador del *Mouvement Républicain Populaire* (MRP, 1944), quien, sobre todo en su época de ministro de Asuntos Exteriores (1948-1952), se pronunció a favor de la unión de los Estados europeos y propuso en 1950 una comunidad europea del carbón y el acero (la llamada CECA).

Europa y América

Con el título «Europe and America» aparecieron en septiembre de 1954 en la revista *Commonweal* la serie siguiente:

— «Dream and Nightmare» (10 de septiembre de 1954, págs. 551-554);
— «Europe and the Atom Bomb» (17 de septiembre de 1954, págs. 578-580) y
— «The Threat of Conformism» (24 de septiembre de 1954, págs. 607-610).

El contenido se basa en un curso que Hannah Arendt impartió en Princenton (seminario Christian Gauss). Los factores que determinan el análisis del creciente alejamiento entre Europa y América son dos: de un lado, la preocupación de la autora por el futuro del movimiento proeuropeo, que ya había tratado en su viaje a Europa el año 1952 y en el que posteriormente siguió depositando grandes esperanzas; de otro, su preocupación ante la creciente «falta de oposición» de la sociedad en la era McCarthy (que también podía representar una amenaza personal, pues su marido, Heinrich Blücher, había sido comunista durante la República de Weimar).

1. Alexis de Tocqueville, *Über die Demokratie in Amerika*, Múnich, 1976 [trad. esp.: *La democracia en América*, Madrid, Guadarrama, 1969].
2. Alexis de Tocqueville, op. cit., pág. 325.
1. Sobre la importancia central de la valentía en la política véase también: *Vita activa*, pág. 178 ss. [trad. esp.: Hannah Arendt, *La condición humana*, Barcelona, Paidós, 1998].

Little Rock

El texto apareció por primer vez con el título «Reflections on Little Rock» en la revista *Dissent*, 6.1, invierno de 1959, págs. 45-56.

En 1954 el Tribunal Supremo resolvió en algunas causas que la segregación racial en las escuelas públicas era anticonstitucional, pero muchos estados del sur boicotearon dichas resoluciones. Little Rock, la capital del estado sureño de Arkansas, en cuyas escuelas un tribunal federal había ordenado la integración racial, fue uno de los centros de los violentos altercados entre negros que exigían sus derechos, garantizados a nivel federal, y blancos que insistían en que los estados particulares eran competentes en la cuestión racial. El gobernador, Orval Faubus, se opuso a esta orden e hizo intervenir a la Guardia Nacional del estado para impedir la entrada de niños negros en el instituto.

A propuesta de uno de los editores del *Commentary* (publicción del comité judeoamericano) Hannah Arendt redactó el artículo en 1957. Mientras aún lo estaba escribiendo, el presidente Eisenhower envió tropas federales a Little Rock para imponer el derecho de los negros a mandar a sus hijos a las escuelas públicas hasta entonces exclusivamente blancas.

Su posición en *Reflections on Little Rock* encendió los ánimos de la redacción, probablemente también porque al defender la soberanía de los estados particulares se alineaba claramente con los republicanos. La redacción demoró la publicación y Hannah Arendt retiró el texto. Como se desprende de la correspondencia hallada en el legado Arendt (container 25), el *Commentary*, después de leer el texto arendtiano había condicionado su publicación a la aparición en el mismo número de una posición contraria cuya redacción encargó a Sidney Hook. Hannah Arendt accedió a este procedimiento inusual pero se reservó el derecho a responder en el número siguiente. La réplica de Hook era explícitamente corrosiva. Ella la leyó antes de su aparición y, como había perdido la confianza en poder responder de forma realmente adecuada debido a las tácticas dilatorias de la redacción, retiró su texto. Aunque el público no conocía el objeto de la réplica, o sea, el texto de Hannah Arendt, Sidney Hook publicó su crítica, no en el *Commentary* sino en *The New Leader*, lo que quizá contribuyó a que Hannah Arendt publicara su texto, juntamente con las dos críticas (véase *infra*, nota 3), en el *Dissent*.

Norman Podhorez, que por aquel entonces trabajaba en el *Commentary*, ha reproducido esta historia en su libro, recién publicado, *Ex friends* (The Free Press, 1999). En el capítulo «Hannah Arendt's Jewish Problem –and Mine» (págs. 139-177) refiere, junto con la historia de Little Rock, las diferencias respecto al libro sobre Eichmann, que les llevó a la ruptura definitiva.

El general Faubus obtuvo del tribunal del estado un aplazamiento de dos años y medio de la integración pero el Tribunal Supremo se pronunció contra esta resolución y las escuelas de Arkansas fueron «simplemente» privatizadas por referéndum. La integración a la fuerza había acabado mal. En 1959 Hannah Arendt ganó el Longview Foundation Award por este texto. Al respecto escribió a Gertrude Jaspers el 3 de enero de 1960: «Pero lo que seguramente alegrará a su marido es lo siguiente: le conté la gran polémica que generé aquí el año pasado con mis *Consideraciones herétidas sobre la cuestión de los negros y la equality*. Le dije, creo, que ninguno de mis amigos americanos había estado de acuerdo conmigo y que incluso muchos se habían enfadado de verdad. Ahora me dan de repente un «Award» (...) precisamente por ese artículo. ¡Por lo visto por haber sido tan impopular!» (*Briefwechsel*, pág. 422).

El trasfondo teórico de la distinción que aquí se hace entre lo privado, lo social y lo político está elaborado en *Vita activa*, 1958 [*La condición humana*]. En una carta privada a uno de sus críticos (el señor Matthew Lipmann) H. A. vuelve a describir que una distinción estricta entre lo social y lo político implica que la sociedad, a diferencia de la política, se basa en la discriminación. La asimilación judía agravó el antisemitismo en Alemania. «Incluso podría establecerse una ley: la igualdad política implica siempre discriminación social y el reconocimiento social, desigualdad política» (legado Hannah Arendt, container 28). Además, en este contexto hay que señalar tres motivos: primero, la descripción de su infancia y la reglas de comportamiento que le enseñaron en su casa para protegerse del antisemitismo (véase la entrevista con Günter Gaus, pág. 17); segundo, el paralelismo en la descripción de las ganas de ascender de los negros y la de los advenedizos; tercero, el especial énfasis sobre el derecho humano fundamental de poderse casar con quien uno quiera, que vuelve a expresar en su *Eichmann-Report*: «Los ciudadanos israelíes, religiosos o no, parecen estar de acuerdo en que vale la pena mantener una ley que prohíba el matrimonio con no-judíos. (...) Sea como fuere, la ingenuidad con que los fiscales atacaron públicamente las famosas leyes de Nürnberg de 1935, que prohibían el matrimonio y el contacto sexual entre judíos y alemanes, le dejaba a uno bastante perplejo» (pág. 31).

Respecto al uso de la designación «negro» en una traducción actual, en la época en que Hannah Arendt concibió este texto la designación «negro» era del todo corriente, cosa que cambió con el movimiento por los derechos civiles. Hannah Arendt mantuvo también posteriormente tal designación de la identidad de los negros (como puede comprobarse, por ejemplo, en la entrevista con Adalbert Reif en *Politische Studien* 22, 1971, págs. 298-314). Probablemente al hacerlo seguía «la máxima, tan difícil de entender, de que uno sólo puede defenderse siendo aquello por lo cual le atacan», como dijo repetidas veces refiriéndose a su identidad judía. Sus breves comentarios sobre la identidad judía en *Über die Menschlichkeit in finsteren Zeiten* (1959) [trad. esp.: *Hombres en tiempos de oscuridad*, Barcelona, Gedisa, 2.ª ed., 2001, la cita en español que viene a continuación está extraída de esta edición] también pueden aplicarse en su planteamiento fundamental a la problemática de los negros en aquella época: «En este contexto no puedo omitir el hecho de que durante varios años, cuando se me preguntaba quién era yo, consideraba que la única respuesta correcta era: una judía. Esta respuesta tomaba en cuenta únicamente la realidad de la persecución. La afirmación: "Soy un ser humano", con la que Natán el Sabio [de Lessing, n. d. ed.] (de hecho, aunque no literalmente) respondió a la orden: "Acércate, judío", yo la habría considerado sólo como una grotesca y peligrosa evasión de la realidad. [...] Al decir: "una judía", tampoco hacía referencia a una realidad cargada o marcada para ser distinguida por la historia. No hice más que reconocer un hecho político debido al cual mi condición de ser miembro de este grupo pesaba más que todos los otros interrogantes acerca de la identidad personal, a los que más bien hubiera respondido optando por el anonimato, por no tener un nombre» (pág. 28).

1. NAACP, National Association for the Advancement for Coloured People, organización de derechos civiles a la que también perteneció Martin Luther King.
2. «Crisis in Education», [trad. esp.: «La crisis en la educación», en: *Entre el pasado y el futuro, ocho ejercicios sobre la reflexión política*, Barcelona, Península, 1996].
3. Juntamente con el texto de Hannah Arendt «Reflections on Little Rock» la redacción del *Dissent* (que se definía como «A journal devoted to radical ideas and the value of socialism and democracy») publicó dos críticas: «Politics and the Realms of Being» de David Spitz y «Pie in the Sky...» de Melvin Tumin. Puesto que Hannah Arendt contesta a David Spitz, quisiera esbozar brevemente los argumentos esenciales de la crítica de éste.

En primer lugar señala que la distinción que hace Hannah Arendt de los ámbitos político, social y privado suena muy sugestiva pero que no resiste un examen cuidadoso, pues no hay ningún ámbito de la acción humana que se pueda adscribir *exclusivamente* al ámbito privado o sólo al político o al social. Precisamente el matrimonio tiene una relevancia plenamente social, no es sólo un asunto entre los dos individuos implicados. Y el hecho de que la sociedad no controla de antemano algunos ámbitos de la acción humana no significa que estos «ámbitos libres» se hallen al margen de lo social (en lo puramente privado).

En segundo lugar, David Spitz dice que Hannah Arendt acentúa demasiado las diferencias locales y demasiado poco lo común del federalismo, a saber, la Constitución. Él cree que no se trata de una elección entre la mayoría nacional y la local sino de la cuestión: ¿quién actúa según el espíritu de la Constitución y de los derechos que ésta garantiza? Y a ese respecto, considerando sobre todo la catorceava enmienda constitucioanl, es la mayoría *nacional* la que tiene razón.

Según el tercer punto de la critica, Hannah Arendt reduce la igualdad amparada en la Constitución sólo a la igualdad de condiciones y no tematiza nunca la igualdad de oportunidades. Pero sólo cuando a todos se les abren las mismas oportunidades o tienen las mismas oportunidades de desarrollarse en la sociedad puede expresarse y tolerarse la verdadera diversidad de los seres humanos. Un Estado democrático no puede ser un poder discriminatorio ni obligar a la segregación racial. Pero la integración en las escuelas tampoco obliga a nadie a adoptar una postura no discriminatoria, ya que los padres pueden enviar a sus hijos a escuelas privadas. Spitz pregunta si «puede ser neutral una ley que hace soportar una doble carga a aquel que está a favor de la abolición de la segregación racial: sufrir la persecución de una mayoría local y conseguir un cambio de las leyes, mientras que el defensor de la segregación puede presentarse como un patriota porque tiene de su lado tanto las decisiones legales como la moral social tradicional».

Según el último punto de la crítica, la prioridad que Hannah Arendt otorga a la libertad de matrimonio es poco inteligente y errónea. Suprimir la segregación racial es un objetivo más realista que suprimir la prohibición de los matrimonios mixtos. El derecho de ser reconocido como «hermano» es más realista que el derecho a ser aceptado como «cuñado». Pues: *el ámbito de las relaciones sexuales íntimas entre las razas es el punto más sensible de toda la cuestión racial.* Los negros saben muy bien que si hoy dieran prioridad a la lucha contra la prohibición de los matrimonios mixtos reforzarían el argumento (de los segregacionistas) de que todo el debate político sólo es una maniobra de distracción y de que en realidad a los que luchan por los derechos civiles sólo les preocupa la proliferación de las relaciones sexuales entre razas. Poner actualmente en juego los matrimonios mixtos tal como hace Hannah Arendt perjudica, por lo tanto, la lucha de los negros.

Spitz añade que tampoco en la constitución se puede encontrar una prioridad en el sentido arendtiano, y que Hannah Arendt esté convencida de saber mejor lo que es bueno para los negros que ellos mismos no hace sino demostrar que «en el fondo es una aristócrata», no una demócrata».

Desobediencia civil

El análisis de la evolución de América fue el punto central de los ensayos políticos de Hannah Arendt a finales de los años sesenta. Por eso, la asociación de abogados de Nueva York («Association of the Bar of the City of New Tork»), que celebraba su centenario con un simposio de título provocador («¿Ha muerto la ley?»), la invitó a dar una conferencia. Esta, titulada «Sobre la desobediencia civil», se publicó, más elaborada, el 12 de septiembre de 1970 en: *The New Yorker*, págs. 75-105. Posteriormente Hannah Arendt la revisó, le añadió las nota y la publicó junto con otros escritos sobre política americana en el libro *Crisis de la República*. Esta es la versión en que se basa el presente volumen. Además, el texto aparece en el compendio del simposio, publicado por Simon and Schuster en 1971 con el título *Is the Law Dead?* (véase Hannah Arendt, *Ich will verstehen, Selbstauskünfte zu Leben und Werk*, editado por Ursula Ludz, Múnich, 1996).

A finales de los años sesenta, viendo el agravamiento de la situación política interna y la amenaza que representaban las agrupaciones pro *law and order* en los Estados Unidos, Hannah Arendt se volvió a comprometer progresivamente en el debate de actualidad política. (Véase también: *Macht und Gewalt*, 1970, y *Wahrheit und Lüge in der Politik*, 1972.) A finales de 1969 participó en un acto del «Theater for Ideas» de Nueva York cuyo tema era «The First Amendment and the Politics of Confrontation» y en el que se discutía la relación de los objetores de conciencia con la legalidad. Su intervención, en la que manifestaba su profunda preocupación por el estado de la democracia americana e insistía en la necesidad de una base «legal», fue vivamente discutida. «Tienen ustedes razón», dijo, «todo el sistema se hunde si no está la gente para sostenerlo. Pero sin la primera enmienda constitucional (esto es, la garantía de la libertad de expresión y de prensa, n. d. ed.) al gobierno le hubiera sido fácil prohibir todo el asunto. Sólo estas pocas líneas en los libros nos separan todavía de la tiranía... En definitiva, me parece que subestiman ustedes la seriedad de la situación de una manera fantasiosa. Me inquietan sus ilusiones. Me inquieta que en realidad no vean que tendrían que aferrarse a esta primera enmienda constitucional, que habría que estar recordándosela siempre al gobierno y al pueblo. ¿Es que acaso han gritado tantas veces «¡Que viene el lobo!» que ahora que realmente dobla la esquina no lo ven?». Elisabeth Young-Bruehl, *Hannah Arendt. Leben, Werk und Zeit*, 1986, pág. 583 [trad. esp.: Elisabeth Young-Bruehl, *Hannah Arendt*, Valencia, Edicions Alfons el Magnànim, 1993]. Además, respecto a cómo entiende Hannah Arendt la revolución americana véase: Über die Revolution, 1963 [trad. esp.: Hannah Arendt, *Sobre la revolución*, Madrid, Alianza, 1988].

1. Véase Graham Hugues, «Civil Desobedience and the Political Question», en: *New York University Law Review*, 43/2, marzo de 1968.
2. Véase *To Establish Justice, to Insure Domestic Tranquility*, informe de clausura de la comisión investigadora nacional sobre las causas y el impedimento de la violencia, diciembre de 1969, pág. 108. Sobre el papel de Sócrates y Thoreau en estas discusiones, véase también Eugen V. Rostow, «The Consent of the Governed», en: *The Virginia Quarterly*, otoño de 1968.
3. Así Edward H. Levi en «The Crisis in the Nature of Law», en: *The Record of the Association of the bar of the City of New York*, marzo de 1970. Mr. Rostow sostiene la opinión contraria de que se «trata de un error bastante extendido catalogar tales violaciones como desobediencia a la ley», op. cit. y Wilson Carey McWilliams parece coincidir implícitamente con él en «Civil disobedience and Contemporary Constitutionalism» (*Comparative Politics*, vol. I, 1969),

uno de los ensayos más interesantes sobre el tema. Destaca que «los problemas que tiene que resolver el Tribunal dependen en parte de la actuación de la opinión pública» y extrae la conclusión de que: «En realidad el tribunal se decide por la desobediencia contra la autoridad legítima y depende de los ciudadanos hacer uso de esta potestad» (pág. 216). No consigo ver cómo se podrán eliminar las «incoherencias», pues el ciudadano que infringe la ley y quiere convencer a los tribunales de que juzguen la constitucionalidad de esta infracción tiene que estar dispuesto a pagar el precio como cualquier otro infractor, concretamente durante el tiempo que tarde el tribunal a emitir sentencia y el que se derive de esta si le es contraria.

4. Nicholas W. Puner, «Civil Disobedience: An Analysis and Rationale», en: *New York University Law Review*, 43/714, octubre de 1968.

5. Charles L. Black, «The Problem of the Compatibility of Civil Disobedience with American Institutions of Government», en: *Texas Law Review* 43/496, marzo de 1965.

6. Véase el artículo «Civil Disobedience and the Law» de Carl Cohen en el número especial de *Rutgers Law Review*, vol. 21, otoño de 1966.

7. Sobre la peculiaridad de la tradición constitucional americana como presupuesto de la jurisprudencia del Tribunal Supremo véase S. Frankenberg/U. Rödel, *Von der Volkssouveranität zum Minderheitenschutz. Die Freiheit politischer Kommunikation im Verfassungstaat*, Frankfurt 1981 (págs. 246-265); además: Ronald Dworkin, *Bürgerrechte ernstgenommen*, Frankfurt 1984, cap. 5 [trad. esp.: *Los derechos en serio*, Barcelona, Ariel, 1997].

8. *Ibid.*, Harrop A. Freeman, pág. 25.

9. Véase Graham Hugues, op. cit., pág. 4.

10. *Rutgers Law Review*, op. cit., pág. 26, donde Freeman argumenta contra Carl Cohen: «Puesto que el actor de la desobediencia civil actúa en el marco de leyes cuya legalidad reconoce, esta pena legalmente admisible es más que sólo una consecuencia posible de su acción: es el punto culminante natural y genuino de su acto... Con ello demuestra su disposición incluso a sacrificarse por esta causa.» (*ibid*, pág. 6).

11. Véase Edward H. Levi, op. cit. y Nicholas W. Puner, op. cit., pág. 702.

12. Nicholas W. Puner, op. cit., pág. 714.

13. Se denominaban *Freedom Riders* a los conductores de autobuses sureños que condujeron a los niños negros de los barrios negros a las escuelas de los blancos (*busing*). Se expusieron a menudo a ataques físicos. [N. d. ed.]

14. Marshall Cohen, «Civil Disobedience in a Constitutional Democracy», en: *The Massachusetts Review*, 10:211-226, primavera de 1969.

15. Norman Cousins ha formulado la siguiente serie de axiomas según los cuales funcionaría una ley superior puramente secular:

«En un conflicto entre los intereses de seguridad del Estado soberano y las necesidades de seguridad de la comunidad humana, estas últimas tienen prioridad.

En un conflicto entre el bienestar de la nación y el bienestar de la humanidad, este último tiene prioridad.

En un conflicto entre las necesidades de la generación presente y las necesidades de la generación futura, estas últimas tienen prioridad.

En un conflicto entre los derechos del Estado y los derechos humanos, estos últimos tienen prioridad. El Estado justifica su existencia sólo en la medida en que sirve a los derechos humanos y los protege.

En un conflicto entre un decreto público y la conciencia del particular, esta última tiene prioridad.

En un conflicto entre la marcha cómoda del bienestar y el camino fatigoso de la paz, este último tiene prioridad». («A Matter of Life», 1963, pág. 83 ss., extraído de *Rutgers Law Review*, op. cit., pág. 26).

Me cuesta mucho dejarme convencer por esta noción de una ley superior a modo de una serie de «principios fundamentales», tal como Cousin llama a su enumeración.

16. Nicholas W. Puner, op. cit., pág. 708.

17. *In foro conscientiae*: ante el tribunal de la conciencia. [N. d. ed.]

18. Platón, *Critón*, 52c en: Platón, *Diálogos*, vol. I, Madrid, Gredos, 1993. Todas las citas de Platón se extraen de esta edición. [N. d. ed.]

19. Véase el excelente análisis «Socrates' Choice in the Crito» de N. A. Greenberg (*Harvard Studies in Classical Philology*, vol. 70, n.º 1, 1965), donde se demuestra que el *Critón* sólo puede entenderse leído junto con la *Apología*.

20. Todas las citas son de Thoreau: *On the Duty of Civil Disobedience* (aparecido por primera vez en 1849) [trad. esp.: *La desobediencia civil*, Barcelona, Parsifal Ediciones, 1989).

21. Notes on the State of Virginia, Query XVIII (1781-1785).
22. En su célebre carta a Horace Greely, citado aquí según Hans Morgenthau, *The dilemma of Politics*, Chicago, 1958, pág. 80.
23. Citado según Richard Hofstadter, *The American Political Tradition*, Nueva York, 1948, pág. 110.
24. Allan Gilbert (comp.), *The Letters of Machiavelli*, Nueva York, 1961, carta 225.
25. Citado de: I. Kant, *Zum ewigen Frieden*, en: *Akademieausgabe*, vol. VIII, pág. 366. [N. d. ed.] [En español, citado de la trad.: *La paz perpetua*, Madrid, Editorial Tecnos, 1989; existe trad. catalana: *La pau perpètua*, Barcelona, Barcino, 1932].
26. *To Establish Justice...*, op. cit., pág. 98.
27. Platón, *Gorgias*, 489a y 482c.
28. Cosa que se expresa categóricamente en el libro II de *La República* de Platón, donde los propios discípulos de Sócrates «pueden defender la causa de la injusticia con extremada elocuencia sin estar ellos mismos persuadidos». Es decir, ellos siguen persuadidos de que la justicia es una verdad forzosamente evidente. Los argumentos de Sócrates no les convencen y para ellos simplemente muestran que con esta clase de argumentación puede igualmente «demostrarse» la injusticia. Platón, *La República*, op. cit., vol. IV.
29. Citado en Christian Blay, «Civil Desobedience», en: *International Encyclopedia of the Social Sciences*, 1968, II, pág. 486.
30. *To Establish Justice*, op. cit., pág. 223.
31. Wilson Carey McWilliams, op. cit., pág. 223.
32. Así Leslie Dunbar, que cita a Paul F. Power en «On Civil Desobedience in Recent American Democratic Thougt» (*The American Political Science Review*, marzo de 1970).
33. Marshall Cohen, op. cit., pág. 214.
34. Carl Cohen, op. cit., pág. 6.
35. Así Marshall Cohen, op. cit.
36. Nicholas W. Puner, op. cit., pág. 714.
37. Wilson Carey McWilliams, op. cit., pág. 211.
38. *To Establish Justice*, op. cit., pág. 89.
39. *Law and Order Reconsidered*, Report of the Task Force on Law and Law Enforcement to the National Commission on the Causes and Preventions of Violence, s.f., pág. 266.
40. Ejemplos temibles de esta verdad salieron a la luz en Alemania durante el denominado «proceso de Auschwitz» (véase sobre este

proceso Bernd Naumann, *Auschwitz*, Nueva York, 1966). Los acusados eran sólo una selección, «un puñado de los casos más intolerables», entre los aproximadamente 2000 hombres de las SS que entre 1940 y 1945 fueron destinados a campos de concentración. A todos se les acusó de asesinato, del único crimen que no había prescrito al inicio del proceso en el año 1963. Auschwitz fue el campo de exterminio sistemático, pero las atrocidades cometidas por casi todos los acusados no tenían nada que ver con la orden de la «solución final». Sus crímenes eran punibles incluso según el derecho nazi y en algunos raros casos sus autores fueron efectivamente castigados por el gobierno nazi. No se había seleccionado a dichos acusados especialmente para servir en un campo de concentración. Fueron destinados a Auschwitz simplemente por su inutilidad para el servicio militar. Casi ninguno tenía un pasado criminal y ninguno tenía antecedentes penales de ningún acto sádico o asesinato. Antes de ir a Auschwitz, e igualmente durante los dieciocho años que vivieron en Alemania después de la guerra, fueron ciudadanos honorables y respetados que no se diferenciaban en nada de sus vecinos.

41. La indirecta se refiere a la millonaria donación de la Ford Foundation para «estudiar la confianza pública en la judicatura americana». Contrástese con la «Investigación sobre agentes de policía» de Fred P. Graham, aparecida en el *New York Times*. El autor, sin ningún equipo de investigación llegó a la obvia conclusión «de que la despreocupación que manifiestan los criminales por su castigo ha provocado inmediatamente una crisis grave». Véase Tom Wicker, «Crime and the Courts», en: *New York Times*, 7 de abril de 1970.

42. El 28 de abril de 1970.

43. Por ejemplo, tomemos el conocido caso, investigado hasta el exceso, del deficiente aprendizaje de los niños en las escuelas de los barrios bajos. Una de las causas más evidentes de la situación es que muchos de estos niños van a la escuela sin desayunar y están terriblemente hambrientos. Pero hay una serie de causas «más profundas» de su fracaso escolar y es extremadamente incierto que un desayuno regular cambiara esta situación. No obstante no hay ninguna duda de que incluso a un grupo de superdotados no se les podría dar clase si fueran a la escuela hambrientos.

44. Como muchos otros en su profesión el juez Charles E. Whittaker atribuye «la crisis a las ideas de la desobediencia civil». Véase Wilson Carey McWilliams, op. cit., pág. 211.

45. *To Establish Justice*, op. cit., 109.
46. *Law and Order Reconsidered*, op. cit., pág. 291.
47. Son especialmente recomendables muchos comentarios excelentes de la columna «Talk of the Town» del *New Yorker*, dedicados al desprecio sin disimulos que la administración Nixon muestra al ordenamiento constitucional y legal de este país.
48. *A Disquisition on Government* (1853), Nueva York, 1947, pág. 67.
49. Carl Cohen, op. cit., pág. 3.
50. Locke, *The Second Treatise of Government*, n.º 157.
51. Edward H. Levi, op. cit.
52. J. D. Hyman, «Segregations and the Fourteenth Amendment», en Robert G. McCloskey (comp.), *Essays in Constitutional Law*, Nueva York, 1957, pág. 379.
53. La 14ª enmienda constitucional garantiza la ciudadanía y la igualdad ante la ley a todos los negros. [N. d. ed.]
54. No se puede «denominar desobediencia en sentido propio» al desacato generalizado de la enmienda constitucional referente a la prohibición del alcohol porque no se comete públicamente. Véase Nicholas W. Puner, op. cit., pág. 653.
55. Robert G. McCloskey, op. cit., pág. 352.
56. Respecto a este importante punto, que explica por qué la liberación de los esclavos tuvo unas consecuencias tan catastróficas para los Estados Unidos, véase la excelente investigación *Slavery*, de Stanley M. Elkins, Nueva York, 1959.
57. Christian Bay, op. cit., pág. 483.
58. Harrop A. Freeman, op. cit., pág. 23.
59. Nicholas W. Puner, op. cit., pág. 694. Sobre la importancia de la garantía de la primera enmienda constitucional véase en particular Edward S. Corvin, *The Constitution and What It Means Today*, Princenton, 1958. Sobre la cuestión de hasta qué punto la primera enmienda constitucional protege la libertad de acción Corvin concluye: «Desde un punto de vista histórico, el derecho de petición es un derecho fundamental. En cambio, el derecho de reunión pacífica es secundario y derivado... Sin embargo, hoy el derecho de reunión pacífica está... íntimamente relacionado con el derecho de libertad de expresión y de prensa y es de igual importancia fundamental... Las reuniones por causa de acciones políticas pacíficas no pueden ser prohibidas. Aquellos que colaboran en la realización de

tales convocatorias no pueden tildarse de criminales por ello». (pág. 203 ss.).

60. Hegel señaló otro punto delicado: «Ser su propio señor y su propio esclavo parece tener, ciertamente, una ventaja comparado a la situación del hombre que es esclavo de un extraño. Sólo que la relación de libertad y naturaleza, si es (...) una opresión *propia* de la naturaleza, llega a ser mucho más antinatural que la relación del Derecho Natural, donde el que manda y tiene poder aparece como Otro, ajeno al individuo viviente. Éste sigue teniendo siempre en esta relación cierta independencia incluida en sí misma... lo antagónico es un poder ajeno... (De otro modo) la armonía interna es destruida». [En español, citado de: G. W. F. Hegel, *Diferencias entre el sistema de filosofía de Fichte y el de Schelling*, Madrid, Alianza, 1989.]

61. Christian Bay, op. cit., pág. 483.

62. *Mayflower Compact*, el acuerdo (tomado en el barco «Mayflower») de 41 patriarcas de los peregrinos con el fin de constituir un organismo político para regular mediante leyes justas e iguales su vida en común en la colonia que habían de fundar. [N. d. ed.]

63. Locke, op. cit., n.º 49.

64. Véase mi análisis del puritanismo y su influencia en la revolución americana en: *On Revolution*, Nueva York, 1963, pág. 171 ss. [trad. esp.: *Sobre la revolución*; Madrid, Alianza Editorial, 1988].

65. John Adams, *Novanglus*. Works, Boston, 1851, vol. IV, pág. 110.

66. Locke, op. cit., n.º 220.

67. *Ibid.*, n.º 243.

68. «... en América la República (se mantiene) sin lucha y sin adversarios gracias a un acuerdo tácito, una especie de *consensus universalis*». Alexis de Tocqueville, *Über die Demokratie in Amerika*, Múnich, 1976, pág. 462 [trad. esp.: *La democracia en América*, Madrid, Guadarrama, 1969].

69. Sobre la importancia de esta diferenciación véase Hans Morgenthau, *Truth and Power*, 1970, pág. 19 ss., y *The New Republic* del 22 de enero de 1966, págs. 16-18.

70. Tocqueville, op. cit., pág. 394.

71. Hofstader, op. cit., pág. 130.

72. En la parte IV del libro de Elkins citado más arriba, encontramos un excelente análisis de la infructuosidad del movimiento abolicionista.

73. Véase George Bancroft, *The History of the United States*, edición abreviada de Russell B. Nye, Chicago, 1966, pág. 44.

74. El caso Dred Scott vs. Sandford fue apelado ante el Tribunal Supremo. Scott, un esclavo de Missouri, fue llevado por su propietario al estado de Illinois, un territorio federal donde la esclavitud estaba prohibida. Una vez de vuelta en Missouri, Scott denunció a su propietario «con el argumento de que este viaje a un territorio libre le había hecho un hombre libre». El tribunal decidió que Scott «no puede personarse ante tribunales federales como demandante... ya que los negros no son ni pueden ser ciudadanos en el sentido de la constitución federal». Véase Robert McCloskey, *The American Supreme Court*, Chicago, 1966, págs. 93-95.

75. *Point of View. Talks on Education*, Chicago, 1969, págs. 130 y 170.

76. Todas las citas que siguen son de Tocqueville, op. cit., I, parte II, cap. 4 y II, parte II, caps. 5 y 7.

77. *Babbitt* es el protagonista que da título a una novela de Sinclair Lewis. [N. d. ed.]

78. Véase Carl Joachim Friedrich, *Constitutional Government and Democracy*, Boston, 1950, pág. 464.

79. Edward S. Corvin, op. cit.

80. No dudo de que «la desobediencia civil es un procedimiento legítimo para llevar a los tribunales o a la palestra pública una ley que se considera injusta o inválida». La pregunta es sólo, para decirlo con las palabras de Harrop A. Freeman, «si este procedimiento se cuenta efectivamente entre los que reconoce la primera enmienda constitucional» (Freeman, op. cit., pág. 25).

81. Nicholas W. Puner, op. cit., pág. 707.

82. Reimpreso como introducción de la edición de Tocqueville en Schocken-Paperback.

83. Carl Cohen, op. cit., pág. 7.

84. Graham Hughes, op. cit., pág. 7.

85. Alexander M. Bickle, citado por Hughes, op. cit., pág. 10.

86. Sentencia judicial en el caso Baker vs. Carr, citado por Hugues, op. cit., pág. 11.

87. *Inter arma silent leges*: entre el ruido de las armas callan las leyes. [N. d. ed.]

88. Para citar la observación que el juez James Wilson hizo en 1793: «La Constitución de los Estados Unidos es completamente ajena al concepto de soberanía».

89. Op. cit., pág. 226.

200 años de la revolución americana

Desde abril de 1975 hasta julio de 1976 Estados Unidos celebraron los doscientos años de su existencia como nación. Tal celebración, que se preveía de patriótica armonía, fue muy controvertida a causa de la crisis del sistema de gobierno americano (la anticonstitucionalidad de la guerra de Vietnam, el caso Watergate, el cese de Nixon y la condena de altos funcionarios). Hannah Arendt («con mucha prisa y mucha ira») redactó esta agria advertencia para un acto de celebración del segundo centenario de la revolución americana en el Boston Bicentennial Forum el 20 de mayo de 1975, ya que a sus ojos a los herederos de la revolución las cosas se les presentaban muy lúgubres (véase *Sobre la revolución*).
Como el discurso fue muy aplaudido, el *New York Review of Books* lo publicó el 26 de junio de 1975 con el título «Home to Roost» (págs. 3-6). Para ulteriores publicaciones del texto véase Hannah Arendt, *Ich will verstehen*, editado por Ursula Ludz, Múnich, 1996.

1. «T'was a famous victory», el estribillo de la balada «The Battle of Blenheim» de Robert Southey (1774-1843).

Epílogo

1. En una carta al editor del *Aufbau*, Manfred George, del 26 de noviembre de 1942 escribe: «Usted sabe que en el fondo siempre he escrito mis artículos a sabiendas que el ejército judío también necesitaba un tamborilero. Pero si lo único que queda de un ejército es el tamborilero, me parece que lo mejor que éste podría hacer sería dimitir. Al fin y al cabo una columna sólo puede comentar positiva o negativamente una política dada. Lo que queda de política judía después de que tanto los judíos como los ingleses hayan liquidado el ejército judío, la fundación de partidos como la Alijah Chadascha, me parece que requiere ningún comentario. Tampoco me gustaría quedar como un aconsejador en un espacio vacío... lo que, naturalmente, no excluye que si la situación política cambia (ya se sabe que, si Dios quiere, hasta las escobas disparan) un día le vuelva a pedir que me dé acogida en su periódico.
2. «Eine Lehre in sechs Schüssen», en: *Aufbau*, 11.8.1944.

3. Franz Kafka «Er, Aufzeichnungen aus dem Jahr 1920», citado de Hannah Arendt, *Entre el pasado y el futuro*, Barcelona, Península, 1996, pág. 13. (Véanse especialmente sus comentarios en: Hannah Arendt, *Vom Leben des Geistes*, Band I, *Das Denken*, pág. 198 ss. [trad. esp.: *La vida del espíritu*, Madrid, Centro de Estudios Constitucionales, 1984]; el texto original de Kafka se encuentra en: Franz Kafka, *Beschreibung eines Kampfes*, Gesammelte Werke, Frankfurt 1969, pág. 222 [trad. esp.: *Obras completas*, Barcelona, Planeta/Emecé, 1972. Otras ediciones: Barcelona, Teorema, 1983; Barcelona, Edicomunicación, 1988; trad. catalana: *Narracions completes*, Barcelona, Quaderns Crema, 1982).

4. Hannah Arendt, «Ideologie und Terror», en: *Offener Horizont*, Festschrift für Karl Jaspers, Múnich 1953, págs. 247-248.

5. Hannah Arendt explicó esta tesis controvertida en *Sobre la revolución*. Véase también la crítica de Jürgen Habermas: «Die Geschichte von den zwei Revolutionen» en: Jürgen Habermas, *Kultur und Kritik*, Frankfurt 1973. [Trad. esp.: *Perfiles filosóficos*, Madrid, Taurus, 2000.]

6. Hannah Arendt, *Vita activa oder Vom tätigen Leben*, pág. 52 [en español citado de: Hannah Arendt, *La condición humana*, Barcelona, Paidós, 1988].

7. Hannah Arendt conversando con Adalbert Reif, en: *Macht und Gewalt*.

8. Hannah Arendt, *Macht und Gewalt*, pág. 19.

9. Hannah Arendt conversando con Günter Gaus, en: Günter Gaus, *Zur Person*, Múnich 1979, pág. 30.

10. Correspondencia entre Hannah Arendt y Gerschom Scholem, en: *Die Kontroverse*, Múnich 1964.

El «problema alemán» no es ningún problema alemán

(Buenos Aires, 1945)

A continuación reproduzco el ensayo descubierto recientemente que publicó el periódico en el exilio *Das Andere Deutschland*, aparecido en Buenos Aires entre 1938 y 1945 (véase la nota de la pág. 188 y sobre todo el epílogo a la reedición, pág. 179).

I

Es completamente desacertado pretender que una especial idiosincrasia alemana o la tradición alemana expliquen el nazismo. No hay nada de ninguna tradición occidental, alemana o no, católica o protestante, griega o romana que forme parte del nazismo. Ni Tomás de Aquino ni Maquiavelo, Kant, Hegel o Nietzsche –la lista puede alargarse indefinidamente vista la cantidad de bibliografía sobre el «problema alemán»– tienen la menor responsabilidad de lo que ha ocurrido en los campos de exterminio alemanes. Desde un punto de vista ideológico, el nazismo empieza sin ninguna base en la tradición. Hubiera sido mejor darse cuenta del peligro que comporta la radical negación de toda tradición, negación que constituyó el rasgo característico más importante del nazismo desde el principio.

Los excesos espantosos del régimen nazi deberían demostrarnos que nos enfrentamos con algo inexplicable que no tiene punto de comparación ni siquiera con los peores períodos de la historia. Nunca, ni en la Antigüedad ni en la Edad Media ni en la Modernidad, la destrucción fue un programa bien formulado ni su ejecución un proceso minuciosamente organizado, burocratizado y esquematizado. Es verdad que el militarismo está relacionado con la maquinaria bélica nazi, y que el imperialismo tiene mucho que ver con la ideología nazi. Pero para aproximarse al nazismo hay que despojar al militarismo de todas sus intrínsecas virtudes guerreras y al imperialismo de todos sus sueños de construir un imperio como «misión del hombre blanco». En otras palabras, pueden detectarse fácilmente ciertas tendencias en la vida política moderna que apuntan al fascismo y ciertas clases que son más fáciles de ganar y más fáciles de engañar que otras, pero todos tuvieron que cambiar sus funciones sociales fundamentales antes de que el nazismo pudiera manejarlos. El militarismo que profesaba el ejército alemán apenas era más ambicioso que el militarismo del viejo ejército francés de la Tercera República: los oficiales alemanes querían ser un Estado dentro del Estado y supusieron equivocadamente que los nazis les permitirían ser más útiles de lo que les permitió la República de Weimar. Cuando se dieron cuenta de su error ya estaban en fase de disolución: una parte fue liquidada y la otra hasta se adhirió al régimen nazi.

II
Crisis social y nihilismo

Muchas señales insinuaban la catástrofe que amenazaba a Europa desde hacía más de un siglo, y que las célebres palabras de Marx sobre la alternativa entre socialismo y barbarie habían profetizado. Durante la última guerra esta catástrofe se manifestó en las mayores destrucciones que los pueblos europeos habían visto jamás. A partir de aquel momento el nihilismo cambió su significado. Ya no fue una ideología más o menos inofensiva, una más de las muchas que rivalizaron entre sí a lo largo del siglo XIX. Ya no se quedó en el tranquilo reino de la mera negación, el escepticismo y el pesimismo desesperado sino que convirtió la destrucción como experiencia real en su fundamento, con el absurdo sueño de poder crear el vacío. Las convulsiones de la postguerra fortalecieron enormemente la experiencia de la destrucción, pues la inflación y el desempleo empujaron a la generación de la guerra a una contradictoria situación de desamparo e inactividad extremos dentro del engranaje de una sociedad aparentemente normal. Cuando los nazis apelaban a la «vivencia del frente» no sólo despertaban los recuerdos de la «comunidad del pueblo» de las trincheras sino también suscitaron los dulces recuerdos de un tiempo en que el individuo desplegó una actividad y fuerza destructiva extraordinarias.

Sin duda, en Alemania la situación era más propicia a la ruptura con todas las tradiciones que en ninguna otra parte, cosa que se explica por el desarrollo tardío de Alemania como nación, por su historia política desafortunada y por la carencia de toda experiencia democrática. Y sobre todo por el hecho de que la inflación y el desempleo de la postguerra –sin los que la fuerza destructiva de la «vivencia del frente» hubiera sido un fenómeno pasajero– afectó a más gente y más fuertemente que en ningún otro sitio. Pero aunque fuera más fácil quebrantar las tradiciones europeas en Alemania, es evidente que había que quebrantarlas, de manera que no fue ninguna tradición alemana como tal sino la violación de todas las tradiciones lo que dio origen al nazismo. La influencia casi universal que tuvo en todas las organizaciones de veteranos es una muestra del éxito con que el nazismo apeló a los veteranos de la guerra precedente de todos los países. Los veteranos fueron los primeros simpatizantes, y los primeros pasos que dieron los nazis en el campo de la política exterior estaban calculados a menudo para animar a los «hermanos de armas» de allende las fronteras de los que estaban seguros de que entendían su lenguaje, de que les movían sus mismos sentimientos y de que albergaban los mismos deseos de destrucción.

Esta es la única interpretación psicológica real del «problema alemán». Lo inquietante no es el carácter nacional alemán sino la extinción de este carácter o el hecho de que ya no desempeñe ningún papel en la política alemana. Forma parte del pasado, al igual que el militarismo o el nacionalismo alemanes. No será posible resucitarlo citando los lemas de libros antiguos o tomando medidas políticas extremas. Pero hay algo más inquietante: el hombre que ha sustituido «al alemán», ante todo un tipo al que el miedo de la aniquilación convierte asimismo en un poder destructivo (y de estos no sólo hay en Alemania). La nada de la que surge el nazismo puede caracterizarse sin más circunloquios místicos como el vacío que siguió al derrumbamiento casi simultáneo de las estructuras sociales y políticas de Europa. Precisamente si los movimientos de resistencia europeos combaten con tanta vehemencia la restauración es porque saben que daría lugar exactamente al mismo vacío que temen mortalmente aunque justo ahora hayan aprendido que es «menos grave» que el fascismo. El gran atractivo psicológico del nazismo no consistía tanto en sus falsas promesas como en el abierto reconocimiento de este vacío. Sus inmensas mentiras eran psicológicamente efectivas porque correspondían a ciertas experiencias y a ciertas verdades fundamentales. Puede decirse que el fascismo aportó al viejo arte de la mentira una nueva variante, la más diabólica: mentir la verdad.

La verdad era que la estructura de clase de la sociedad europea ya no podía seguir funcionando ni en su forma feudal oriental ni en su forma burguesa occidental. No es sólo que su falta de justicia fuera más evidente cada día, es que dejó permanentemente sin estatuto de clase a millones y más millones de individuos (debido al desempleo y otras causas). La verdad era que el Estado nacional, antiguo símbolo de la soberanía del pueblo ya no representaba al pueblo y era incapaz de garantizarle la seguridad exterior e interior. Bien porque Europa se quedó pequeña para su forma de organización bien porque los pueblos europeos crecieron demasiado para la organización de sus Estados nacionales, éstos dejaron de comportarse como naciones y de moverse por sentimientos nacionales. La mayoría de ellos no estaban dispuestos a una guerra nacional aunque en ello les fuera su independencia.

Los nazis respondieron a la verdad social de la decadencia de la sociedad de clases europea con la mentira de la «comunidad del pueblos», que se basaba en la complicidad en el crimen y era dirigida por una burocracia de gángsters. Los desclasados simpatizaron con esta respuesta. Y a la verdad de la decadencia del estado nacional respondieron con la famosa mentira del «nuevo orden» en Europa, que dividía a los pueblos en razas y los preparaba para su aniquilación. La credulidad de los pueblos europeos –que en tantos casos admitieron a los nazis en sus países, porque los nazis se apoyaban en ciertas verdades fundamentales– les ha costado un precio enorme. Pero al final han aprendido una gran lección: que ninguna de las viejas fuerzas que generaron la corriente de succión del vacío es tan temible como la nueva fuerza que brota de él y cuya intención es organizar al pueblo con la ley de esa corriente de succión, que es la aniquilación misma.

III
El movimiento europeo de resistencia

Los movimientos de resistencia europeos brotaron en los mismos pueblos que en 1938 habían celebrado los compromisos de Múnich y en los que el estallido de la guerra sólo había provocado malestar. Estos movimientos cobraron vida cuando los nacionalistas y los predicadores del odio de todos los matices ya habían tenido su oportunidad de convertirse en colaboracionistas, de manera que fuera evidente a todos los pueblos la tendencia casi inevitable de los nacionalistas al fascismo y la de los chovinistas a la sumisión ante los opresores extranjeros. (Las pocas excepciones, personificadas en nacionalistas pasados de moda como de Gaulle o en periodistas como Kerillis confirman la regla). Dicho de otro modo, los movimientos clandestinos fueron el resultado directo de la decadencia, primero, del Estado nacional, reemplazado por gobiernos colaboracionistas y, segundo, del nacionalismo mismo. Los que se rebelaron y se atrevieron a luchar lo hicieron contra el fascismo y nada más, cosa nada sorprendente. Lo sorprendente, precisamente por su consecuencia estricta, casi lógica es que todos estos movimientos encontraron de pronto una consigna política positiva que mostraba plenamente el carácter no nacional y tan popular de la nueva lucha. Dicha consigna era simplemente EUROPA.

Por eso el «problema alemán», tal como lo presentaron los expertos, despertó, naturalmente, un interés muy escaso en el movimiento de resistencia europeo. Se consideraba como incontestable que la antigua insistencia en el «problema alemán» sólo enturbiaba el concepto de la «guerra ideológica» y que privar de derechos a Alemania sólo obstaculizaría la solución de la cuestión europea. A muchos corresponsales bienintencionados, que habían aprendido la lección de los expertos sobre temas alemanes, les chocó la falta de odio personal contra los alemanes en los países liberados y la existencia de un odio político contra fascistas, colaboracionistas y cómplices varios cualquiera que fuera su nacionalidad. Las palabras que Georges Bidault, jefe de la Resistencia francesa y actual ministro de Asuntos Exteriores, dirigió inmediatamente después de la liberación de París a los soldados alemanes heridos son una expresión simple y espléndida de los sentimientos de aquellos que lucharon contra la Alemania nazi no con la pluma sino con la vida. Dijo: «¡Soldados alemanes, soy el jefe de la Resistencia. He venido a desearos buena salud. Ojalá estéis pronto en una Alemania libre y en una Europa libre!».

La insistencia en la noción de Europa precisamente en tal momento es característica. Ninguna otra palabra hubiera expresado la convicción de que la crisis europea es sobre todo una crisis del Estado nacional. En palabras del movimiento de resistencia holandés: «Vivimos ahora una crisis de la soberanía estatal. Uno de los problemas principales de la paz venidera será: ¿cómo lograremos, manteniendo la autonomía cultural, formar unidades más grandes en el plano político y económico?... Una buena paz es hoy inalcanzable si los Estados no ceden parte de su soberanía económica y política a una autoridad superior. Dejamos abierta la cuestión de si deberá formarse un consejo europeo, una federación europea, los Estados unidos de Europa o cualquier otra forma de unidad». Es evidente que para estos hombres los verdaderos nuevos hombres de Europa, el problema alemán no es, como para De Gaulle, el centro del mundo, ni siquiera el centro de Europa.

Su enemigo principal es el fascismo, no Alemania; su problema principal es la crisis de todas las formas de Estado del continente, no sólo la del Estado alemán o el prusiano. Su centro de gravedad es Francia, el país que cultural y políticamente ha sido durante siglos el corazón de Europa y cuyas últimas aportaciones al pensamiento político lo han situado nuevamente en la cima de Europa. En este contexto fue más que significativo que en Roma se celebrara la liberación de París más que la suya propia, y que el mensaje que el movimiento de resistencia holandés envió a las fuerzas armadas del interior después de la liberación de París concluyera con las palabras: «Mientras Francia viva, Europa no morirá». Para los que conocían bien la Europa de entreguerras tiene que haber sido impresionante ver con cuánta rapidez los mismos pueblos que sólo pocos años antes no estaban nada familiarizados con las cuestiones políticas descubrían de repente cuáles eran las condiciones fundamentales para la supervivencia del continente europeo. Bajo la represión nazi no sólo habían vuelto a aprender el significado de la libertad sino que también recuperado su autorespeto y la aspiración a asumir responsabilidades. Esto se demuestra con especial claridad en todas las antiguas monarquías, donde –para sorpresa y descontento de algunos observadores– el pueblo prefiere un régimen republicano. En Francia, un país de madura tradición republicana, cada vez gana más terreno el rechazo de las viejas formas de gobierno centralistas, que ceden poca responsabilidad al individuo. El deseo de nuevas formas que den al ciudadano más deberes y más derechos y cargos en la vida pública es característico de todos los partidos.

El principio fundamental del movimiento de resistencia francés era: «libérer et fédérer»; y con federación se referían a una 4ª República que tuviera una estructura federal (en contraposición al «Estado centralista, que se convierte necesariamente en totalitario») y se integrara en una federación europea. Aunque los periódicos clandestinos franceses, checos, italianos, noruegos y holandeses insisten casi con las mismas expresiones en que esta es la primera condición para una paz futura, sólo los franceses, por lo que yo sé, han llegado hasta el punto de afirmar que la estructura federal de Europa tiene que basarse en una estructura federal similar en los Estados implicados.

Era necesario esbozar este programa general provisional, pues sólo en sus expresiones tiene sentido la respuesta al «problema alemán». Parece sospechosa cualquier clase de vansittarismo. Un oficial francés, uno de los que huyeron a diario de los campos de prisioneros nazis con la ayuda del movimiento clandestino alemán, señala la diferencia entre los prisioneros y sus paisano en Francia: estos últimos odiaban más a los alemanes que los primeros. «Nuestro odio, el violento odio de los prisioneros (y somos tres millones), se dirigía a los colaboracionistas y oportunistas y a todos aquellos que ayudaban al enemigo».

El periódico socialista polaco *Freiheit* prevenía contra el clamor de venganza, pues «puede transformarse fácilmente en el deseo de oprimir a otras naciones, con lo que los métodos e ideas del nazismo volverían a triunfar después de su derrota». Los movimientos de los demás países hicieron afirmaciones muy parecidas. La consecuencia del temor a entregarse a cualquier clase de racismo tras haber aniquilado su versión alemana es la renuncia a cualquier idea de desmembración de Alemania. En esta como en muchas otras cuestiones, el desacuerdo entre los movimientos de resistencia y los gobiernos en el exilio es casi completo.

Mientras tanto, los holandeses, polacos, noruegos y franceses defienden como un solo hombre el programa de la nacionalización de la industria pesada alemana, de la liquidación de los latifundistas y los industriales como clase social, del desarme total y del control de la producción industrial. Algunos abogan por una administración alemana federal. El partido socialista francés declara que este programa «tiene que llevarse a la práctica en estrecha y fraterna colaboración con los demócratas alemanes». Todos los programas concluyen con la advertencia de que «dejar en la miseria económica a 70 millones de personas en el corazón de Europa» (dicen los noruegos) significa dificultar la última posibilidad de «aceptar a Alemania en la comunidad de las naciones europeas y en una planificación económica europea» (dicen los holandeses).

El movimiento de resistencia conoce la existencia de la clandestinidad alemana por los millones de trabajadores extranjeros y prisioneros que tuvieron la oportunidad de observar sus actividades en el Reich. Un oficial francés que describe cómo los prisioneros franceses establecieron contacto en Alemania con trabajadores forzados franceses y con la clandestinidad francesa misma habla del movimiento clandestino alemán como de un hecho incontestable cuando escribe: «sin la ayuda activa de los soldados y trabajadores alemanes este contacto nunca hubiera sido posible». También dice que «cuando cortamos el alambre de púas dejamos muchos buenos amigos entre los alemanes».

IV

Aquellos que aspiraban a la restauración en Europa del estado de cosas anterior a la guerra defendían esencialmente tres principios. Primero, resucitaron el principio de la seguridad colectiva, que no es un concepto nuevo sino tomado de los tiempos felices de la Santa Alianza. Lo reavivaron después de la última guerra con la esperanza de que desalentaría las veleidades agresivas nacionalistas. Si este sistema falló no fue por culpa de ninguna de dichas agresiones sino por la aparición de factores ideológicos. Polonia, por ejemplo, cuando fue atacada por Alemania se negó a pedir la ayuda del ejército rojo a pesar de que sin ésta la seguridad colectiva apenas podía sostenerse. La seguridad estratégica se sacrificó porque el principal agresor, Alemania, pasaba por ser el bastión frente al bolchevismo. Está claro que el sistema de seguridad colectiva sólo puede reconstruirse con la condición de que no existan factores ideológicos inhibitorios, lo que es completamente ilusorio.

Con la intención de sembrar la discordia entre las fuerzas ideológicas existentes en todas las naciones se introdujo el segundo principio: la nítida delimitación de las esferas de intereses. Se trata de una política que quiere aplicar los métodos coloniales imperialistas a Europa. Sin embargo, no es probable que los europeos se dejen tratar como pueblos coloniales cuando éstos están en vías de conseguir su independencia. Aún sería menos realista la esperanza de poder erigir muros en un territorio tan densamente poblado como Europa, muros que separarían a un pueblo de otro y evitarían la penetración de fuerzas ideológicas.

Hoy día asistimos a la resurrección de la vieja alianza bilateral, que parece ser el instrumento político preferido del Kremlin. Esta última pieza rescatada del rico arsenal de la política imperialista sólo tiene un significado: aplicar nuevamente los métodos políticos del siglo XIX cuya ineficacia ya se descubrió y denunció públicamente tras la última guerra. Al final, lo que sucede con tales pactos bilaterales es que la parte más fuerte acaba por dominar política e ideológicamente a la más débil.

La restauración ha empezado lógicamente con la reaparición de las inacabables disputas fronterizas, que interesan vivamente a algunos nacionalistas pasados de moda. A pesar de las vivas protestas de los movimientos clandestinos de los países implicados, todos los gobiernos en el exilio han planteado exigencias territoriales. Estas exigencias, apoyadas y posiblemente inspiradas por Londres, sólo pueden satisfacerse a costa de los vencidos, y si la alegría ante la perspectiva de obtener nuevos territorios no es demasiado grande, es porque nadie sabe cómo resolver los problemas demográficos que surgirían. Los acuerdos sobre minorías, de los que se habían esperado milagros después de la última guerra, fueron abiertamente despreciados porque nadie confiaba en la única posibilidad: la de la asimilación. Hoy se espera resolver el problema de las minorías con la ayuda de un canje de población. Los checos fueron los primeros que dieron a conocer su decisión de anular los acuerdos sobre minorías y deportar a dos millones de alemanes al Reich. Los demás gobiernos siguieron el ejemplo y hablaron de planes similares para los alemanes (muchos millones) que se encontraban en los territorios cedidos.

Si dichos canjes de población tienen lugar efectivamente, no solamente provocarán una inacabable prolongación del caos sino tal vez algo aún peor. Los territorios cedidos se despoblarán y los vecinos de Alemania se verán en la imposibilidad de poblarlos y explotar sus recursos en materias primas, lo que conducirá o bien a un regreso del potencial humano alemán con la consiguiente reproducción de los viejos peligros o bien a una situación en que un país superpoblado, con trabajadores altamente cualificados y una técnica altamente desarrollada estará obligado a descubrir ingeniosos métodos industriales para poder subsistir. El resultado de semejante «castigo» sería exactamente el mismo que el del Tratado de Versalles, que se pensó como una manera de destruir el poder económico de Alemania y que, sin embargo, fue la causa de la elevada racionalización y del amenazador crecimiento de la capacidad industrial alemana. Dado que en nuestra época el potencial humano es mucho más importante que los territorios, y que la habilidad técnica, unida a la investigación científica de alto nivel, tiene más porvenir que las materias primas, podría ser muy bien que creemos en el centro de Europa un polvorín gigantesco cuya fuerza explosiva sorprenderá a los estadistas del mañana igual que la resurrección de la vencida Alemania sorprendió a los estadistas de ayer.

El plan Morgenthau, finalmente, parece ser una solución definitiva. Pero es difícil que pueda convertirse a Alemania en una nación de pequeños campesinos, ya que ninguna potencia asumirá exterminar a los aproximadamente 30 millones de alemanes sobrantes. Cualquier intento serio en tal sentido provocaría esa «situación revolucionaria» que los partidarios de una restauración temen ante todo.

La restauración no es, pues, nada prometedora. Si tuviera éxito se repetiría el proceso de los últimos 30 años a un ritmo más rápido. Que todas las discusiones sobre el «problema alemán» caigan en un círculo vicioso muestra bien a las claras lo utópico que es aplicar el «realismo» y la política de la fuerza a las necesidades verdaderas de nuestro tiempo. La única alternativa a estos métodos anticuados que ni siquiera mantendrían la paz, por no hablar de asegurar la libertad, es el rumbo que ha indicado el movimiento de resistencia europeo.

Cronología

1906	Hannah Arendt nace en Hannover el 14 de octubre.
1910	La familia se traslada a Königsberg.
1924-1928	Estudia filosofía, teología y filología clásica en Marburgo, Heidelberg y Freiburg.
1928	Se doctora con la tesis «El concepto del amor en Agustín», dirigida por Karl Jaspers.
1929	Se casa con Günther Stern (Anders) en Berlín.
1930	Recibe una beca de la Notgemeinschaft der deutschen Wissenschaft para escribir una biografía de Rahel Varnhagen.
1933	Es detenida, huye a París.
1935-1940	Dirige la oficina de la Aliyah de la Juventud en París, organización dedicada a rescatar a niños judíos del nacionalsocialismo. Estudia la historia de Europa; amistad con Heinrich Blücher.
1940	En enero se casa con Heinrich Blücher; entre finales de mayo y finales de junio es internada en el campo de mujeres de Gurs; huye.
1941	Huye a Estados Unidos.
1941-1945	Publica regularmente una columna en el periódico en lengua alemana *Aufbau*; empieza a publicar en diversos periódicos americanos.
1944	Empieza a trabajar para la European Jewish Cultural Reconstruction, primero como directora de un departamento de investigación.

1946-1948	Directora literaria en la editorial Schocken Books.
1948	Publica el volumen *Sechs Essays*, Heidelberg, reeditado en 1967 con el título: *Verborgene Tradition*.
1948-1952	*Executive director* de la organización European Jewisch Cultural Reconstruction.
1949-1950	Viaja a Alemania enviada por dicha organización.
1951	Publica *The Origins of Totalitarianism*; consigue la ciudadanía americana.
1952	Recibe la beca Guggenheim para trabajos en el terreno de la teoría y la ciencia políticas.
1953-1954	Imparte cursos en Princeton por primera vez («Seminario Christian Gauss») y en la New School for Social Research.
1958	Publica *The Human Condition* (*Vita activa*) y *Rahel Varnhagen. The Life of a Jewess*.
1959	Recibe el premio Lessing de la ciudad de Hamburgo.
1961-1962	Asiste como reportera del *New Yorker* al proceso contra Eichmann.
1963	La publicación de *Eichmann in Jerusalem: A Report on the Banality of Evil* desencadena encendidas polémicas; *On revolution* (*Über die Revolution*) se publica en América y en la República Federal; es catedrática en la Universidad de Chicago.
1967	Recibe el premio Sigmund Freud de la Deutschen Akademie für Sprache und Dichtung.
1968	Es profesora en la New School for Social Research en Nueva York.
1970	Muere Heinrich Blücher; se publica *On Violence* (*Macht und Gewalt*).
1972	Publicación de *Crisis of the Republic*.
1973	Imparte sus «Gifford-Lectures» en Aberdeen.
1975	Recibe el premio Sonning del gobierno danés por su «Contribución a la cultura europea»; muere el 4 de diciembre en Nueva York.
1978	Aparece póstumamente la obra de sus últimos años *The Life of the Mind*, publicada por Mary McCarthy.
1983	Aparece póstumamente *Judging. Lectures on Kant's Political Philosophy*. Materiales del inacabado tercer volumen de *The Life of the Mind* (en Alemania en 1985).

Obras de Hannah Arendt publicadas en castellano

La condición humana, Barcelona, Seix Barral, 1974; traducción de Ramón Gil Novales. Reeditado: Barcelona, Paidós Ibérica, 1998.
La vida del espíritu, Madrid, Centro de Estudios Constitucionales, 1984; traducción de Ricardo Montoro y Fernando Vallespin.
Crisis de la República, Madrid, Taurus-Grupo Santillana, Madrid, 1974, 1998; traducción de Guillermo Solana Alonso.
Los orígenes del totalitarismo, Madrid, Taurus, 1974, 1998; traducción de Guillermo Solana Alonso. Reediciones: en 3 volúmenes, Madrid, Alianza Editorial, 1987; vol. I: *Antisemitismo*, vol. II: *Imperialismo*, vol. III: *Totalitarismo*; en 2 volúmenes, Barcelona, Planeta-Agostini, 1994.
Sobre la revolución, Madrid, Revista de Occidente, 1967; traducción de Pedro Bravo. Reedición: Madrid, Alianza, 1988.
Eichmann en Jerusalén. Un estudio sobre la banalidad del mal, Barcelona, Lumen, 1967, 1999; traducción: Carlos Ribalta.
Hombres en tiempos de oscuridad, Barcelona, Gedisa, 2.ª ed., 2001; traducción Claudia Ferrari y Agustín Serrano de Haro.
Entre el pasado y el futuro. Ocho ejercicios sobre la reflexión política, Barcelona, Península, 1996; traducción de Ana Poljak.
Filosofía y política. El existencialismo y Heidegger, Bilbao, Besataria Asociación Cultural, 1996.
¿Qué es la política?, Barcelona, Paidós, 1997; traducción de Rosa Sala Carbó.

De la historia a la acción, Barcelona, Paidós, 1998; traducción de Fina Birulés.
Entre amigas. Correspondencia entre Hannah Arendt y Mary McCarthy, Barcelona, Lumen, 1999; traducción de Ana María Becciú.
Hannah Arendt - Martin Heidegger. Correspondencia 1923-1975; Barcelona, Herder, 2000.
Rahel Varnhagen. Vida de una mujer judía, Barcelona, Lumen, 2000.